JOSÉ IGNACIO MURILLO

EL VALOR REVELADOR DE LA MUERTE

Estudio desde Tomás de Aquino

EDICIONES UNIVERSIDAD DE NAVARRA, S.A.
PAMPLONA

Serie: Filosofía

Cupón para la Biblioteca Virtual

Accede a la versión eBook de este título por solo **1,99 €**. Con la compra de este libro puedes utilizar el siguiente cupón para la lectura en *streaming** desde la Biblioteca Virtual. **Sigue estas instrucciones** para visualizar tu libro:

1. Dirígete a la web de la Biblioteca Virtual en **https://ebooks.EUNSA.es**.

2. En la web ve a **Iniciar sesión** e introduce tu email y contraseña. Si no estás registrado, deberás completar el proceso en **Registrarse**.

3. Tras registrarte, accede a la página del libro o lee el QR de esta página. Bajo el precio podrás **insertar el código oculto en el siguiente cupón para activar la promoción**.

Despegue para visualizar

Acceso directo al eBook

Canjéalo en ebooks.EUNSA.es

*Con acceso a internet desde cualquier navegador.

© 2024. José Ignacio Murillo
Ediciones Universidad de Navarra, S.A. (EUNSA)
Campus Universitario • Universidad de Navarra • 31009 Pamplona • España
+34 948 25 68 50 • www.EUNSA.es • EUNSA@EUNSA.es

ISBN: 978-84-313-3906-7
DL NA 1877-2024

Imagen de la portada
Los Funerales de Atala, óleo sobre lienzo, por Anne-Louis Girodet de Roussy-Trioson (1808)

Printed in Spain – Impreso en España
Imprime Podiprint

Índice

Lista de abreviaturas de las obras de Tomás de Aquino

S. Th.	*Suma de Teología*
In Metaph.	*Comentario a la Metafísica de Aristóteles*
In Sent.	*Comentario a las Sentencias de Pedro Lombardo*
Comp. Theol	*Compendio de teología*
C. G.	*Suma contra los gentiles*
Ad Chor	*Comentario a la Carta a los corintios.*
Ad Rom.	*Comentario a la Carta a los romanos.*
Ad Ephes	*Comentario a la Carta a los efesios.*
De spir. creat.	*Cuestión disputada sobre las criaturas espirituales*
Ad Heb	*Comentario a la Carta a los hebreos.*
Super Rom.	*Comentario a la Carta a los romanos*
Q. D. De anima	*Cuestión disputada sobre el alma.*
Q. D. De potentia	*Cuestión disputada sobre la potencia.*
De ver.	*Cuestiones disputadas sobre la verdad.*
De virt. in comm.	*Cuestión disputada sobre las virtudes en común o Cuestión primera de las Cuestiones disputadas sobre las virtudes.*

Prólogo

El lector se encuentra ante una nueva edición de un texto, con cuya primera redacción, en el curso 1996-1997, obtuve el título de Licenciado en Teología. Con él concluía cuatro años dedicados al estudio de la teología en la Pontificia Universidad de la Santa Cruz, en Roma. Unos años más tarde, en 1999, este trabajo, apenas revisado, apareció como número 74 de la Serie Universitaria de los Cuadernos de Anuario Filosófico, impulsado por quien entonces la dirigía, mi querido y admirado Ángel Luis González.

Considero un privilegio haber podido ocuparme de la teología, después de completar mis estudios de filosofía con una tesis doctoral que defendí el año 1993 bajo la dirección de Leonardo Polo. En ocasiones he expresado que me gustaría que todos aquellos filósofos que son cristianos pudieran dedicar también un tiempo al estudio sereno y profundo de la teología. No solo porque la teología y la filosofía occidental se encuentran íntimamente entrelazadas en los últimos veinte siglos, sino porque esta es una forma muy adecuada de dar cauce a las exigencias de una inteligencia que ha recibido el don de la fe. Desgraciadamente muy rara vez esto resulta posible, y el filósofo cristiano debe conformarse,

en el mejor de los casos, con lecturas ocasionales o con la sabiduría
teológica de autores que visita principalmente por su contribución
a la historia de la filosofía.

Espero haber correspondido, aunque solo sea en parte, al don
que recibí durante esos años, y quiero dejar constancia de mi agra-
decimiento a todos los que de diversos modos lo hicieron posible,
de forma particular a los que fueron mis profesores.

Ahora bien, debo confesar que mi experiencia en aquellos
años no resultó del todo pacífica. Tuve la impresión de que se
abría un abismo entre la filosofía, con sus cuestiones y sus apor-
taciones, y las preocupaciones y recursos de quienes cultivaban
la teología académica. Es cierto que, poco a poco, fui compren-
diendo mejor las razones que amparan a estos últimos, pero esto
no eliminaba la molesta sensación de divorcio entre dos mundos.
No voy a negar que gran parte del problema se debe a que la filosofía que comúnmente se cultiva resulta a menudo ajena a las
grandes cuestiones sobre el universo y sobre la existencia humana, que son el terreno en que se mueve naturalmente la teología.
Pero esta triste realidad no puede ocultar que la teología parece
con frecuencia incapaz de dar respuesta a las inquietudes más
serias y acuciantes que plantea el pensamiento y la cultura de
nuestro tiempo.

La explicación de este hecho es, en parte, sencilla. Hubo un
tiempo, cuando la teología se convirtió en una ciencia –seguramente la primera ciencia sistemática de la época moderna–, allá
por los siglos XII y XIII, en que los grandes teólogos eran también los mejores filósofos de su tiempo. Pero esta situación cam-
bió en los siglos posteriores, y filosofía y teología vieron cómo
sus caminos se separaban, dando lugar, por cierto, a una crisis
intelectual de profunda envergadura. A lo largo del último siglo
se esbozaron fundadas esperanzas de que esta situación cambiara. La teología parecía emprender de nuevo un diálogo serio y

constructivo con la filosofía. Pero no deja de llamar la atención que, cuando el papa León XIII quiso revitalizar el pensamiento cristiano, tuviera que presentar como guía a un teólogo, Tomás de Aquino, muerto seis siglos antes. ¿Qué había ocurrido desde entonces?

El lento resurgir no estuvo exento de peligros. Junto a quienes aceptaron esta invitación como un estímulo para pensar, algunos se redujeron a repetir unas doctrinas. No faltaron, sin embargo, los que procuraron inspirarse en los filósofos contemporáneos emulando lo que el Aquinate llevó a cabo con éxito con Aristóteles.

El problema es que gran parte de la filosofía contemporánea, aunque resultaba apenas comprensible sin el cristianismo, no era ya verdaderamente cristiana y muy difícilmente resultaba útil para esta empresa. No es de extrañar, por tanto, que los frutos de esos experimentos fueran con frecuencia amargos y provocaran entre los buenos teólogos un cierto rechazo a la filosofía.

Desde entonces, el pensamiento teológico se repliega. Cultiva con rigor sus fuentes y ofrece a menudo formulaciones atractivas de la fe, pero amenaza con dejar abandonado el guante que le lanzan los mejores pensadores de los últimos tiempos.

Confío en que esta situación vaya poco a poco resolviéndose, al menos en el seno de la cultura cristiana. Pensando en la ciencia, la cultura y el pensamiento actual, parece evidente que se trata de un esfuerzo para el que no basta solamente el ejercicio de unas cuantas mentes privilegiadas –por importante que sea que estas existan–, sino que debe ser fruto de un nuevo modo de cultivar la teología, en diálogo con quienes cultivan otros saberes teóricos y prácticos.

En alguna ocasión he intentado esbozar esta idea, aunque por el momento no he encontrado mucho eco o, a lo sumo, se me ha sugerido que quizá es preciso esperar a tiempos mejores[1]. Ojalá lleguen pronto, pues el mundo necesita un serio renacimiento del saber y este precisa de la inspiración que supone la teología. Pero, para que esto ocurra, el saber teológico debe salir del reducto de los especialistas, a menudo clérigos, y pasar a formar parte en mayor medida de todos los cristianos. La inteligencia se marchita si no se ocupa de la realidad por excelencia, a la que los cristianos consideramos personal y denominamos Dios, y no ha habido una fuerza más poderosa para elevarla a esas alturas que la fe cristiana y su desarrollo natural como saber teológico.

He seguido algunas invitaciones amistosas que me animaban a hacer más disponible este libro ya hace tiempo agotado en su anterior versión impresa. Aunque he revisado un poco la redacción, que en ocasiones resultaba algo deficiente, y he completado brevemente el texto en aras de la claridad, he decidido dejarlo tal como estaba, sin actualizar la bibliografía ni llevar a cabo cambios sustanciales. Quizá hoy diría otras cosas o las diría de otra manera, pero no veo en el escrito nada de lo que considere necesario retractarme, e intentar actualizarlo a estas alturas hubiera significado seguramente reescribir el texto casi por completo. Tan solo he ampliado la introducción para que resulte más informativa, he añadido algunas —pocas— referencias del Aquinate y, con la idea de hacerlo accesible a un público más amplio, he traducido —no sin cierto escrúpulo— los textos latinos al español.

Son muchas las dificultades de retomar un texto redactado hace más de un cuarto de siglo, pero, tras leerlo de nuevo, considero que sigue siendo una oportuna invitación para continuar el fecundo diálogo entre la filosofía y la teología y un merecido homenaje a Tomás de Aquino, uno de los autores que, sin duda,

---

1. Murillo, J. I., "La idea de Universidad y la Teología" (2017), *Scripta Theologica*, 49 (3), 649-664.

más han influido en mi formación. Lo considero, sin duda, uno de mis grandes maestros, aunque con frecuencia me conceda con él más libertad que la que se puede permitir el historiador o el comentarista. Confío en que esta actitud no conduzca a oscurecer su doctrina, sino a poner de manifiesto sus virtualidades.

Puede ayudar a comprender mejor este escrito saber que, mientras se gestaba y redactaba, Leonardo Polo trabajaba para mostrar la continuidad entre su propuesta y la filosofía clásica. Estaba, por entonces, concluyendo su *Curso de teoría del conocimiento*, con el que en gran medida me formé como filósofo, y pasaba a ocuparse de la antropología trascendental, de la que yo solo tenía unos pocos destellos. No pude contar, por tanto, con su antropología completamente desarrollada.

Intenté en este texto confrontar a Tomás de Aquino con algunas preguntas e inspiraciones contemporáneas. Era, de algún modo, una continuación de la tarea que acometí en mi tesis doctoral, en la que también me ocupé de este autor por quien guardo un profundo respecto y gratitud.

En esta edición he añadido al texto original un apéndice titulado "Creación, encarnación y gracia", que es un texto redactado y publicado casi veinticinco años después del libro[2]. La decisión de incorporarlo responde a que, durante el proceso de revisión, descubrí que, sin proponérmelo, había tratado en él una cuestión que, al concluir el libro, declaraba como pendiente. Tuve, de hecho, la impresión de que había estado continuando, sin proponérmelo, la investigación que había emprendido hace tanto tiempo. A pesar de la distancia temporal entre los dos textos, hay entre ellos muchos

---

2. Murillo, J. I., "Creación, encarnación y gracia", en Miguel Brugarolas Brufau, Juan Alonso García (eds.), *Quod accepi et tradidi. Palabra de verdad y evangelio de salvación. Homenaje al prof. César Izquierdo*, EUNSA, Pamplona 2023, 329-343.

aspectos comunes. En él vuelvo a tomar a Tomás de Aquino como referencia e intento comprenderlo y continuarlo con la ayuda de la filosofía de Leonardo Polo. En esta ocasión, he podido contar con el conocimiento de la antropología trascendental de Polo ya desarrollada e incluso con sus sugerencias para la cristología.

Pamplona, 3 de octubre de 2024

Introduccion

"La cuestión de la muerte es una de las grandes vías de entrada al tema del hombre. Si nos atrevemos a pensarla, se ponen en claro las grandes dimensiones del ser humano"[1].

La muerte es sin duda uno de los grandes temas de la antropología. Por eso, detenerse a considerarla es siempre una oportunidad de entender mejor quiénes somos. Pero, como sostenía Scheler, el hombre es un ser teomorfo, de modo que no resulta posible entenderlo cabalmente sin aludir a Dios. Y, en este punto, la antropología entra de lleno en la órbita de la teología.

Las páginas que siguen son un intento filosófico-teológico de aproximarse al enigma de la muerte. Su propósito es comprender mejor de qué modo remite a Dios nuestra condición mortal. ¿Nos dice algo acerca de Dios y nuestra relación con Él? Y, de ser así, ¿qué aporta en concreto?

La perspectiva que he adoptado parte de la experiencia humana de ser mortal, en la que la muerte aparece como límite y condición de nuestra existencia terrena. Tras esta opción metodológica se encuentra la convicción de que la experiencia humana es

---

1. POLO, L., *¿Quién es el hombre?*, Rialp, Madrid, 1991, p. 218.

una vía de acceso a Dios. Aunque no se trata de suyo de un acceso directamente teórico, no por eso la experiencia resulta ajena a la inteligencia. Por eso, es posible partir de ella para llegar a un conocimiento teórico de Dios.

Entiendo aquí por experiencia el conocimiento espontáneo de la realidad que tiene cada persona desde su propia posición en ella. Se trata de un conocimiento distinto de lo que podríamos llamar conocimiento teórico, en el que la inteligencia humana considera la realidad sin comparecer como sujeto. En mi opinión no se trata de conocimientos incomunicados o que se excluyan mutuamente. Él hombre no es un ser inevitablemente clausurado en su punto de vista. Antes bien, en cuanto personal y radicalmente intelectual, se puede elevar a un conocimiento de la realidad tal como es de suyo. Pero esto no elimina el hecho de que, para llegar a ese conocimiento, debe partir de una posición limitada.

Este doble aspecto de su condición comporta, por su parte, dos peligros. De un lado, el de recluirse en una actitud subjetiva, que impide el acceso a lo real. Y, de otro, que la persona se conforme con un conocimiento impersonal y meramente objetivo de la realidad que enmascare la posición que, como persona, ocupa en su seno. Conformarnos con nuestra experiencia en tanto que nuestra nos lleva a sucumbir a la arbitrariedad; en cambio, olvidarnos de que partimos de ella nos conduce a olvidar el límite de que partimos, y nos incapacita para superarlo.

Cuando se intenta que la teoría no pierda su contacto con la persona que somos, la experiencia adquiere una gran importancia, si bien ésta tiene un peso distinto dependiendo de los asuntos que se encuentran en juego. Al tratar de conocer teóricamente realidades inferiores a la persona, la experiencia no es distinta de las operaciones intelectuales con que accedemos a aquellas. Aquí atenerse a la experiencia consiste sobre todo en atenerse a los métodos adecuados en cada caso, permaneciendo en condiciones de reconocer sus límites. Sin embargo, al afrontar asuntos de más transcendencia, en la experiencia adquiere un peso más determinante otra categoría, a saber, la actitud que ante ellos adoptamos. De este modo, el conocimiento, sin dejar de ser conocimiento, se encuentra íntimamente ligado con la moral, en su sentido más pleno.

Las ciencias suelen reconocer una división entre teóricas y prácticas. Se entiende por ciencias teóricas aquéllas cuyo fin es el conocimiento de la verdad, y cuyos principios son la realidad misma en cuanto que se encuentra en el conocimiento como criterio de búsqueda; mientras que se consideran ciencias prácticas, aquellas que versan sobre las acciones, cuyos principios son los fines que, en cada caso, nos proponemos. En este sentido, la metafísica se sitúa como la ciencia teórica suprema, mientras que la ética goza de este estatuto en el ámbito práctico. En atención a lo que decíamos antes, nos podríamos preguntar si un estudio teórico de la persona puede ser ajeno a una dimensión práctica, y hasta qué punto lo condicionan las disposiciones éticas. Pero, cualquiera que sea la respuesta, en la teología este asunto toma un cariz liminar, puesto que se trata de una ciencia que, según Tomás de Aquino, siendo una, es, a la vez, teórica y práctica[2].

Esto se muestra, en mi opinión en dos orientaciones posibles del teólogo especulativo. Una de ellas es la que se dirige a conocer quién y cómo es Dios, y contempla la realidad desde esta perspectiva. Esta actitud, obviamente, se apoya en el acceso teórico a la realidad, y tiene fuertes vínculos con la metafísica. Mientras que la otra consiste en preguntarse por el sentido de la existencia humana y de sus avatares. En ese caso, el punto de partida es precisamente la experiencia que el hombre tiene de la realidad que le circunda, y la exigencia que hay en él de encuadrarla en un marco racional

2. Cfr. *S. Th*, I, q. 1, a. 4.

que le permita abandonar la perplejidad ante ella y emprender una acción adecuada.

En la filosofía, el sentido sólo puede derivar legítimamente del descubrimiento de la verdad. Por eso un enfoque filosófico que se planteara solamente como búsqueda de sentido se convertiría de un modo u otro en un subjetivismo. Pero lo peculiar de la teología es que ambas orientaciones están justificadas. Y la razón última se encuentra en que en esta disciplina se parte de la referencia a un Dios personal a quien tiene sentido dirigir una pregunta, con la esperanza de que nos responda. Ciertamente, elegir entre una orientación u otra puede comportar un recorrido distinto, pero, en último extremo, si están bien planteadas, en la teología ambas orientaciones se encuentran conectadas. Y, de hecho, no resultará convincente una solución que no incluya la respuesta a la otra. No es posible encontrar el sentido sin dejarse normar por la verdad, y no es posible encontrar la verdad sin responder a las más profundas preguntas humanas por el sentido. Por otra parte, en la teología se hace también evidente que la actitud con que se afronta la tarea de conocer es determinante. De hecho, no es posible tan siquiera emprenderla si no es con ese don de Dios que es la fe y la respuesta humana que le corresponde. La fe presupone una actitud: la confianza en Dios.

Esta conexión entre el conocimiento de la realidad y la búsqueda del sentido han sido el criterio que he seguido en este trabajo. De este modo he intentado poner en evidencia el entrelazamiento de la actitud humana ante el enigma de la muerte con la naturaleza de este acontecimiento. Se trata de la mutua remitencia entre lo que he llamado el planteamiento *existencial*, que contempla nuestra experiencia de la muerte y se pregunta por su sentido; y el planteamiento *ontológico*, que contempla lo que ésta es en sí misma. Con estos presupuestos he procurado encontrar respuestas a la pregunta por el sentido de la muerte, encarándola en etapas sucesivas a la luz del misterio de Dios.

La especial importancia que ha cobrado en el último siglo el planteamiento existencial me ha animado a tomar como contrapunto la aportación de Santo Tomás, que da, por el contrario, un gran peso al ontológico, sin dejar por eso de arrojar luces preciosas para el otro. Ante la muerte propia –piensa él– es preciso adoptar una actitud adecuada, al tiempo que nuestra experiencia de ser mortales nos remite de un modo determinado a Dios.

No obstante, el enfoque que da título a este trabajo no es exactamente el que adopta el autor que estudiamos, pues se encuadra más bien en el contexto teológico contemporáneo. Dios, al revelarse, lo hace con categorías humanas, es más, usando lo humano y aun la humanidad como lenguaje[3]. Esto se da de un modo acabado en Cristo. La muerte, en concreto, forma parte de ese lenguaje, y a ella el pensamiento cristiano le ha concedido desde siempre una gran importancia. Pero la muerte de Cristo, como todo el lenguaje de la revelación, es comprensible no como realidad abstracta, sino porque se trata de algo que todos y cada uno compartimos con Él. De este modo, además, la revelación no es sólo una Palabra dirigida a los hombres en general, sino a cada ser humano personalmente.

Seguramente, un planteamiento de este tipo puede permitir avanzar en el intento de explicar cómo conecta la revelación de Dios con cada hombre, lo que, a su vez, puede dar pistas acerca de cómo presentarla al hombre contemporáneo. En efecto, parece que conviene reflexionar no solo sobre cómo se accede a la revelación desde la naturaleza humana, sino también sobre cómo se

---

3. Cfr. Ruiz Retegui, A., "Algunas consideraciones sobre la antropología implícita en la cristología de Hans Urs von Balthasar", *Scripta Theologica* (1995), vol. 27 (2), p. 459-491.

apropia cada persona del contenido de la fe. Es esta una cuestión que cobra más relevancia cuando consideramos que son muchos los que no se encuentran insertos en un marco de referencia vital conformado por el cristianismo y que, cuando esto ocurre, con frecuencia lo encuentran desfigurado.

En este contexto se comprende que la actitud que he adoptado ante la obra del Aquinate no es la mera exégesis de sus textos, sino la de pedirle ayuda, es decir, utilizar su doctrina para arrojar luz sobre algunos aspectos implicados en el asunto que tratamos. Por eso tampoco he pretendido ser exhaustivo en el acceso a las fuentes y he privilegiado el desarrollo personal de sus indicaciones. En cualquier caso, confío en que la imagen de Santo Tomás que se desprende de este recorrido sea certera. La posibilidad de emprender una empresa en compañía de este autor muestra virtualidades de su pensamiento que, a veces, pasan por alto estudios de cariz más historiográfico y hermenéutico.

Afrontar la cuestión sobre la muerte resulta clave para legitimar cualquier pretensión de trascendencia de los seres humanos. El materialismo o las diversas formas de naturalismo, que nos reducen a simples configuraciones azarosas de la materia, sometidas a la misma caducidad que el resto de las sustancias del universo, encuentra su principal punto de apoyo –frente a la conciencia de la libertad e intelectualidad del ser humano, que marcan su condición espiritual y lo proyectan más allá del tiempo–, en la experiencia dolorosa y destructiva de la muerte. Con ella parece darse la razón a quienes sostienen la impotencia de eso que denominamos espíritu.

A esta concepción, que se ha convertido en ortodoxia en muchos ambientes intelectuales y culturales, se suma el proyecto de eliminar por medios tecnológicos esa muerte que nos conduciría sencillamente a la nada, que amenaza con desfigurar nuestra comprensión de la vida y de su temporalidad y la abre a un horizonte incierto e inquietante.

Este escrito es resultado de una investigación llevada a cabo bajo la dirección del profesor José María Galván en la Universidad de la Santa Cruz. A sus clases sobre el acceso a Dios tomando como punto de partida la experiencia del mal debo, en buena medida, la inspiración inicial en que se basa esta investigación[4]. Agradezco de modo particular la libertad y confianza que me otorgó para conducirla por donde me pareció oportuno.

4. Se trata de un curso cuyo contenido comenzó a publicar en una serie de artículos, de los que el primero es: GALVÁN, J. M., "Il problema teologico degli attributi divini: considerazioni metodologiche (I)", *Annales Thelogici*, 1994, volumen 8/2, p. 285-313.

I

La muerte como mal natural

"*Traditus est,* scilicet in mortem"
"Lo entregó (a la muerte)"
(*Rom* 4, 25; *S. Th.*, III, q. 50, a. 6, co.)

1. Intento de comprensión de la muerte

La vida humana es, para Tomás de Aquino, la de un ser inte-lectual[1]. Por eso el hombre se siente naturalmente llamado a en-tender la realidad y los acontecimientos de su vida: sólo de este modo se encuentra en condiciones de comportarse de acuerdo con su propia naturaleza. Pero en esta tarea no faltan los obstáculos. Entre ellos hay algunos que no aparecen como una simple dificul-tad, sino que provocan una especie de crispación por parte de la inteligencia humana. Evidentemente, uno de ellos es la muerte.

Desde un punto de vista experimental el hombre descubre en una etapa temprana de su existencia que su vida no es ilimitada, sino que posee un término. Esta conciencia no se desencadena ante la muerte propia, sino ante la de los otros. De modo que la muerte aparece en primer lugar como algo ajeno, y sólo después, en virtud de la semejanza que tenemos con los otros, como algo propio.

---

1. Cfr. MURILLO, J. I., *Operación, hábito y reflexión. El conocimiento como clave antropológica en Tomás de Aquino*, EUNSA, Pamplona 1998.

En la muerte vemos que la persona desaparece de nuestro mundo, y, al mismo tiempo, ese desaparecer se presenta como una destrucción. Lo que nos es perceptible de ese acontecimiento es que la persona se desmorona y descompone. Además, la muerte es precedida habitualmente por un proceso en que la descomposición se inicia, y que suele estar marcado por el dolor. De ahí que ofrezca para nosotros un aspecto torvo. De un lado nos arranca a los seres con quienes convivimos, y de otra representa su disolución. Parece, por tanto, que sólo se la puede desear a quien se odia, y que el amor no puede consentirla en modo alguno[2].

Cuando proyectamos esto sobre nuestra propia vida, la muerte aparece como algo repulsivo. Nuestra dimensión sensible está orientada hacia la conservación; y nuestra dimensión racional no encuentra fácil encajarla, introducirla en un marco de sentido. Con la vida terminan para nosotros muchas de las cosas que amamos, y el tipo de conducta que ahora tenemos, en torno a la cual se entretejen las esperanzas que nos mueven a actuar, desaparece.

Pero quizá lo más característico de nuestra actitud ante la muerte es la resistencia a la extinción total de nuestro ser. Se ha dicho que el hombre es el único de entre los seres que mueren que conoce que es mortal. Y esta conciencia le lleva a procurar integrar la muerte, en la medida de lo posible, en su vida. Una de estas conductas es la que se dirige hacia el cadáver. Nuestra reacción ante él no es la de desecharlo sin más, sino que le tributamos, en modos muy diferentes dependiendo de las culturas, una cierta atención. Hasta tal punto es connatural esta conducta al hombre, que sirve a la paleoantropología como signo inequívoco de humanidad[3].

---

2. Pues "decimos que amamos aquello que aprobamos y queremos que exista". *In I Sent.*, d. 17, q. 1, a. 5, co.

3. Acerca de los usos culturales en torno a la muerte puede consultarse VICENTE, J., *El horror de morir*, Tibidabo, Barcelona, 1992.

Este fenómeno que acabamos de describir se encuentra intrínsecamente unido a la religiosidad humana. La conducta ante los muertos y ante nuestra propia muerte siempre alude de un modo u otro a la transcendencia. Y esto es así porque con ella ingresamos en un ámbito que no está en nuestro poder. La necesidad de morir revela que estamos a merced de fuerzas que no controlamos y que acaban por destruir lo que somos, y, al mismo tiempo, plantea un enigma al que no podemos dar respuesta cabal desde nosotros mismos: ¿quedará algo de mí cuando acaezca? Y, de ser así, ¿qué significa "existir" después de que me ocurra?

Sea cual sea la respuesta, parece que la muerte señala la puerta de ingreso en la transcendencia; por así decir, la cara que nos ofrece desde el interior de nuestra vida. Pues a la transcendencia solemos atribuirle tanto la alteridad con respecto a lo que somos, es decir, el estar más allá, como ser aquello hacia donde nos encontramos destinados; y estas dos notas aparecen de algún modo en la muerte, porque introduce en lo otro que la vida presente, y porque esa alteridad aparece como un final en el que nuestra vida desemboca inexorablemente, ya que su mero transcurso nos acerca a ella.

Pero corresponde al hombre comprender el contenido de esa «alteridad», que no nos resulta patente. Si la muerte es una puerta, es como si la atravesáramos de espaldas. Quien está a punto de morir probablemente está en condiciones de contemplar su vida mejor que antes, ya que la puede observar cuando está casi completa, pero todavía no sabe con certeza cómo la verá después de efectivamente concluida. Es más, tampoco resulta seguro para todos si será capaz de contemplarla de algún modo. Así, por ejemplo, para la mentalidad materialista esa trascendencia es la nada, que consuma definitivamente nuestra finitud; si bien no es ésta la única postura, y, ni siquiera la más extendida.

Es claro que, en este intento de comprensión de la muerte, la inteligencia humana no dispone tan sólo de sus recursos, por así decir, científicos. De hecho, la respuesta al enigma de la muerte se da comúnmente en la esfera religiosa de la vida, que es precisamente la que marca nuestra relación con la trascendencia. Pero esto no impide a la inteligencia tener algo que decir. De hecho, responder a este problema a espaldas de la inteligencia, supondría una quiebra del hombre, un límite insalvable de su naturaleza intelectual para conducir la vida.

Para la religión cristiana esta exigencia de coherencia entre la inteligencia y la actitud religiosa se resuelve positivamente, porque la fe perfecciona y eleva la inteligencia humana, dejándola como inteligencia[4]. Esta afirmación cristiana, que forma parte de las convicciones fundamentales de Santo Tomás de Aquino, es la guía de este trabajo. Por eso, al buscar la solución, este autor no se ahorra los problemas que plantea este asunto. Al contrario, está animado por la certeza de que el único modo de resolver verdaderamente un problema es comenzar planteándolo en toda su agudeza[5].

Por eso sirve muy bien para ilustrar la actitud del Aquinate la siguiente afirmación: "La filosofía no soluciona el problema de la muerte; por el contrario, lo acrecenta ofreciéndonoslo en toda su magnitud. En efecto, el problema de la muerte se entiende mejor en la medida en que se entiende que es un verdadero problema"[6].

Esto explica que la aproximación teológica de Tomás de Aquino a este tema incluya también, e incluso suponga de entrada, el

---

4. Cfr. *De ver.*, q. 10, a. 11, ad 16.

5. "Del mismo modo que, cuando alguien quiere desatar un nudo corporal, conviene que antes considere el nudo y el modo en que se ha enlazado, así conviene que quien quiere resolver una duda considere antes todas las dificultades". *In III Metaph.*, lect. 1 (339).

6. LLANO, C., "Una aproximación al problema de la muerte", *Istmo*, nº 129, julio-agosto, 1980, p. 20.

método propio de la filosofía, porque para este autor la filosofía es interna al método teológico. Pero no debemos olvidar que en ningún momento su reflexión se aparta de la luz de la fe. En lo que sigue vamos a procurar presentar cómo se va proyectando la luz de la inteligencia, iluminada a su vez por la fe, en etapas sucesivas, en las que se va consiguiendo progresivamente una mayor inteligibilidad, sabiendo que la consistencia de la solución última que se consiga depende en buena medida del rigor con que se afronten las etapas precedentes.

2. Diversos enfoques posibles

A la hora de estudiar la muerte se pueden adoptar varios métodos. Uno de ellos es el que podríamos llamar ontológico, que consiste en explicar qué ocurre en ella con el hombre a la luz de lo que radicalmente es este acontecimiento. Naturalmente la explicación de qué es la muerte y los fenómenos que la acompañan pueden recibir una explicación científica positiva, que también es una descripción de la realidad en sí misma, y que es, desde luego, útil a la filosofía. Pero lo que denomino punto de vista ontológico exige abrirse a la realidad en cuanto tal sin los postulados y restricciones que exige la ciencia positiva. Por eso, cuando la perspectiva científica se eleva a filosófica, se convierte en reduccionismo, es decir, cuando sostiene que la única realidad de la muerte es el acontecer que describe la ciencia experimental.

Pero, dado que la muerte tiene que ver conmigo, sea que la viva o que, por el contrario, me desviva, lo cierto es que aparece de un determinado modo ante el horizonte de mi conciencia. Por eso, junto a aquel punto de vista, existe otro que podríamos llamar existencial, y que consiste en describir qué representa la muerte para el existente humano.

Precisamente en este último siglo ha proliferado el estudio fe-nomenológico-existencial de la muerte. De ahí que se haya hecho especial hincapié en algunos aspectos, como su influencia en la articulación del tiempo humano, las diversas posturas que puedo tomar frente a ella y cómo éstas influyen en mi vida, y la experien-cia de la muerte y su anticipación en la conciencia.

No cabe duda de que esta perspectiva es muy enriquecedora, y que no es sensato desdeñar su aportación, especialmente a la hora de tratar un tema tan difícil. Sin embargo, un estudio de este tipo plantea una dificultad, a la que no resulta fácil escapar cuando se convierte en la única vía de acceso. Se trata, a mi modo de ver, de un problema común a todo estudio fenomenológico que no se funda y desemboca en un estudio ontológico, cuya raíz se puede resumir diciendo que la inteligencia humana forma parte de la vida del hombre, y, por lo tanto, el conocimiento que alcanza de la realidad es uno de los principales –si no el principal– condicionan-tes de nuestra experiencia de esta. Así, por ejemplo, no es idéntica la experiencia de la muerte que se cierne sobre la vida humana para un místico que para un suicida. Puede ocurrir que ambos consideren la muerte que se avecina como algo apetecible, pero, en cualquier caso, lo hacen por razones distintas, y esas razones no sólo dependen de la estructura de su subjetividad, sino de lo que aquí y ahora consideran que sea realmente la muerte, sea, por ejemplo, el fin de un dolor que atenaza, o sea el comienzo de una unión más íntima con el Amado.

De hecho, ocurre con esta perspectiva fenomenológica algo análogo a lo que ocurre con la científica. Sólo puede convertir-se propiamente en una instancia filosófica última renunciando a confrontar la experiencia con la realidad, es decir, en la medida en que se convierta en un reduccionismo. Pues sólo reduciendo la realidad a la experiencia que tengo de ella, puedo considerar de-finitiva una perspectiva así. Pero, de este modo, la fenomenología elimina la ontología y se hace incompatible con ella, porque se convierte ella misma en una transformación de aquélla[7].

La teología no ha sido ajena a la preponderancia contemporánea de este enfoque. Es más, se puede decir que ha influido mucho en su tratamiento de la antropología y de la escatología. Por eso tampoco está exenta de ese peligro. Esto en parte se ha debido a una cierta desconfianza respecto de la ontología, que aparecía como el ámbito del ente impersonal y que no deja resquicio a la libertad[8].

Esto convierte en especialmente interesante la aproximación a un pensador como Santo Tomás, cuyo enfoque acerca de la antropología, y, en concreto, acerca de la muerte, es preponderantemente ontológico. En primer lugar, porque parece que sólo un estudio de este tipo puede prevenir el riesgo de quedar a merced de nuestra imagen de la muerte sin antes habernos cerciorado de si se trata o no de una imagen real. Y, por otra parte, porque puede ayudarnos –aunque sea parcialmente– a juzgar hasta qué punto son fundadas las reservas contra su metafísica.

Para justificar la importancia de considerar en primer lugar qué es la muerte como presupuesto para aclarar su papel en nuestro conocimiento de Dios, basta echar un vistazo a la historia de la cultura. La experiencia que el hombre tiene de la muerte varía notablemente de unas culturas a otras. Esa variación cultural se debe a muchos factores que habría que estudiar en cada caso, pero uno determinante es la imagen que de ella se forja. Por ejemplo, no es la misma la imagen que tiene de la muerte una cultura pa-

---

7. Se trata de algo semejante a lo que ocurrió con la filosofía transcendental y la filosofía del lenguaje respecto de la metafísica, que pretendían criticar. Cfr., p. ej. LLANO, A., *Metafísica y lenguaje*, EUNSA, Pamplona, 1997, pp. 15-64.

8. Cfr. LAFONT., G., *Dieu, le temps et l'être*, Cerf, Paris, 1986, p. 273 ss.

leolítica que una neolítica. La muerte se ha visto como la entrada en otro mundo distinto o como la reunión con los antepasados. En algunos casos se ha considerado que pervivía del hombre un doble y en otros una sombra sin capacidad de acción. A su vez, la consideración de la relación de los vivos con los muertos varía. Unas veces son temidos y otras invocados[9].

Por centrarnos en la cultura occidental contemporánea, resulta interesante comprobar que el interés teórico por este tema se corresponde con una especie de ocultamiento de la muerte ante la conciencia de los vivos. Una explicación de este fenómeno es la que ofrece Scheler. Para él, la organización contemporánea de la acción, que se centra preponderantemente en actividades productivas, de suyo interminables, nos hace vivir como si fuéramos inmortales. De este modo, nuestro entorno social no reconoce nuestra muerte. Así que ésta, para nosotros, se convierte en un problema privado, en el que sólo pensamos cuando ya no queda más remedio; y, para la sociedad en que vivimos, en el recambio de una pieza en un proceso que de suyo es indiferente al ciclo vital de los miembros que lo activan[10].

Sea cual fuere la explicación del fenómeno, éste es manifiesto. La muerte se ha convertido en un acontecimiento privado frente al cual cada vez tenemos menos recursos sociales. Tal vez sea esta misma desazón, provocada por la extrañeza de la muerte a nuestro modo de vida, la que ha desencadenado con más fuerza la pregunta por su esencia. Pero, quizá ante todo, llama la atención que el cambio de actitud ante este problema no se debe ahora a una visión diferente de la muerte y de la vida de ultratumba, puesto que nuestra cultura no parece tener de éstas una visión compartida, sino que responde al modo en que dirigimos –o no dirigimos– la

---

9. Cfr. VICENTE, J., *Op. cit.*
10. Cfr. SCHELER, M., *Muerte y supervivencia*, Encuentro, Madrid 2001.

vista hacia estos problemas. ¿No será este predominio de la «actitud» –condicionada socioculturalmente según Scheler– en la configuración de nuestra conciencia de ser mortales la razón del auge de la aproximación existencial?

Probablemente el autor que más influjo ha tenido en el planteamiento actual de este tema es Heidegger[11]. Para él la vida humana está constituida de posibilidades cuyo entramado sería imposible sin la posibilidad de la imposibilidad de toda posibilidad[12], es decir, la muerte. Sin ésta, que marca nuestra finitud, la vida humana se destensaría y convertiría en algo vacío y sin sentido[13]. Pero, para este autor, la centralidad de la muerte en nuestra existencia no impide que el hombre viva de hecho de espaldas a ella. Se trata de la nota distintiva de la existencia inauténtica, impersonal. Y precisamente la única oportunidad de remediarla consiste en asumir la propia muerte como lo que es, reconociéndonos como un ser-para-la-muerte, ya que la muerte propia no sólo articula el entramado de nuestra existencia, sino que es el acontecimiento individual por excelencia. En efecto, ante ella nos encontramos solos, pues cada muerte afecta sólo a un individuo.

11. Para una exposición del planteamiento de Heidegger acerca de la muerte cfr. VICENTE, J., *Op. cit.*, pp. 169-186.

12. Cfr. HEIDEGGER, M., *Ser y tiempo*, Trotta 2009, parágrafo 50.

13. Una interesante reflexión literaria sobre este asunto es la de Borges en su relato *El inmortal*: "La muerte (o su alusión) hace preciosos y patéticos a los hombres. Estos conmueven por su condición de fantasmas; cada acto que ejecutan puede ser el último; no hay rostro que no esté por desdibujarse como el rostro de un sueño. Todo, entre los mortales, tiene el valor de lo irrecuperable y de lo azaroso. Entre los Inmortales, en cambio, cada acto y cada pensamiento, es el eco de otros que en el pasado lo antecedieron, sin principio visible, o el fiel presagio de otros que en el futuro lo repetirán hasta el vértigo. No hay cosa que no esté como perdida entre infatigables espejos. Nada puede ocurrir una sola vez, nada es preciosamente precario. Lo elegíaco, lo grave, lo ceremonial, no rigen para los Inmortales". *El Aleph*, Alianza, Madrid, 1975, p. 23.

Creo que resulta oportuno traer a colación este autor, puesto que el presente intento tiene una clara afinidad con sus desarrollos, y muy probablemente sin él no hubiera sido posible. En efecto, Heidegger aborda el tema de la muerte no por su valor en sí mismo, sino precisamente como prolegómeno para el estudio de la metafísica. Desde este punto de vista, la muerte, como elemento crucial de la existencia, se estudia porque condiciona el modo en que el ser nos aparece. Resulta en este sentido patente el paralelismo entre la negatividad de la muerte, que permite que aparezca la realidad de las posibilidades de la existencia humana, y la de la angustia, que nos pone frente a la nada, en la cual los entes comparecen de un modo radical y originario. De este modo, la consideración de la muerte ser presenta como una vía de acceso a la metafísica y a la transcendencia. Por eso cabe la pregunta siguiente: si esto es así, ¿no será posible que también sea la vía teológica de acceso a Dios?

Pero, a mi modo de ver, la respuesta a esta pregunta presupone, una incursión en la ontología. Como se dijo antes, la experiencia humana no es un criterio autosuficiente para acceder a la realidad. Y esto invita a hacer otra pregunta a Heidegger: ¿no habrá sucumbido en su planteamiento a una de las imágenes contingentes que el hombre se forja de su existencia? Pues se puede sospechar con cierto fundamento que los condicionantes de la subjetividad, es decir, su cultura, su formación intelectual, su condición moral y aun su constitución física puedan influir a la hora de decidir cuál es la experiencia que nos pone en contacto radical con la realidad[14].

---

14. Es muy interesante la apreciación de Gabriel Marcel al respecto, para quien, en realidad, lo que mantiene abierto a posibilidades nuevas es la esperanza, y la angustia no es otra cosa que la falta de esperanza. Cfr. MARCEL, G., *Homo Viator. Prolegómenos a una metafísica de la esperanza*, Sígueme, Madrid 2005.

3. La muerte como privación de un bien y la actitud natural ante la muerte

Teniendo esto en cuenta, vamos a preguntarnos cuál es la naturaleza de la muerte para Tomás de Aquino, con la intención de determinar cómo esta puede influir en nuestra referencia a la transcendencia.

Lo primero que se debe decir sobre ella es que nos encontramos ante algo negativo: la muerte es el cese de la vida (*mors est casus a vita*)[15]. Esto implica considerar la muerte como algo que padecemos y no como algo que hacemos. Al morir nuestra vida desfallece, por eso ese proceso y su resultado no pueden en ningún caso ser considerado como actos de la persona, ya que se trata precisamente de su desaparición como tal.

Efectivamente, se puede hablar de la muerte en dos sentidos: por una parte, la *mors in fieri*, cuando alguien, por causa de alguna pasión natural o violenta tiende a la muerte; y, por otra, *in facto esse* cuando ya se ha dado la separación del principio vital respecto del cuerpo[16]. De aquí se deduce que ni siquiera hay un momento privilegiado en que se muera, como si se tratara de una acción positiva, que comportara una actitud consciente y decisiva, sino de una pasión máximamente involuntaria (*passio maxime involuntaria*)[17].

En esto difiere la visión tomista de la de un buen número de autores que han atribuido positividad a la muerte. Quizá el pri-

15. *S. Th.*, III, q. 53, a. 1, ad 1.
16. *S. Th.*, III, q. 50, a. 6, co.
17. *In III Sent.*, d. 30, q. 1, a. 1, sc 1. "Pasión se dice de dos modos. El primero, de modo propio, se dice que padece lo que es removido de su disposición. Pues la pasión es efecto de la acción; y en las realidades naturales los contrarios actúan y padecen entre sí, de los cuales uno desplaza al otro de su disposición natural". *S. Th.*, I, q. 97, a. 2, co. La muerte es, por tanto, una pasión en sentido propio.

mero de ellos es Cayetano, que admitía la existencia de un acto intermedio entre la vida y la separación del alma y el cuerpo[18]; o, ya en el siglo XX, Glorieux, que atribuye a este acto una decisión moral irreversible como la que Santo Tomás atribuye al alma separada[19]. Una opinión semejante, por otra parte, se puede encontrar en algunos teólogos recientes[20].

Este carácter negativo es expresado en términos muy duros: "De todos los males humanos, el más grave es la muerte, por la que es arrebatada la vida"[21]. Ya que la vida es para los vivientes ser[22]; y, por tanto, el hombre con la muerte pierde "el primer bien, el ser, con el cual se arrebatan todos los demás"[23]. Por eso "naturalmente es horrible (*horribilis*) para la naturaleza humana"[24]. Y esta repugnancia no se debe a un defecto moral por parte del hombre, puesto que el más virtuoso es quien más se entristece de su muerte, pues pierde una vida mejor que la de quien no lo es[25].

18. Cfr. *In I*, q. 64, a. 2, ad 2, nº 18, Ed. Leonina, t. 5, p. 144.

19. Cfr. Glorieux, P., "Endurcissement final et grâces dernières", *Nouvelle Revue Théologique*, dic. 1932, pp. 865-892.

20. Por ejemplo, en RAHNER, K., *Zur Theologie des Todes*, Friburgo, 1958, donde la presenta como una autocompleción personal (*Selbstvollendung*); o LADISLAUS BOROS: "La muerte abre al hombre la posibilidad del primer acto plenamente personal; la muerte es, por tanto, el lugar ónticamente privilegiado de la concienciación, de la libertad, del encuentro con Dios y de la opción sobre el eterno destino"; en *Mysterium mortis. El hombre y su última opción*, Estella, 1972, p. 9. Sobre este problema se puede consultar MATEO SECO, L. F., "El concepto de muerte en la doctrina de Santo Tomás", *Scripta Theologica*, VI-1 (1974), pp. 173-208; RUIZ DE LA PEÑA, J. L., *El hombre y su muerte*, Burgos, 1971.

21. *Comp. Theol.*, c. 227 (447).

22. Cfr. *C. G.*, I, c. 98.

23. *S. Th.*, Supp., q. 86, a. 3, ad 3.

24. *S. Th.*, III, q. 46, a. 6 co.

25. *S. Th.*, II-II, q. 123, a. 8 co. Esto se puede aplicar con mayor motivo a Cristo, pues su vida humana es de tal valor que perderla, aunque tan sólo sea por poco tiempo, comporta un mal inmenso. Cfr. *S. Th.*, III, q. 46, a. 6, ad 4.

En esta descripción no se escamotea nada a la negatividad de la experiencia humana de la muerte. Efectivamente, lo primero que aparece ante nosotros es la destrucción de un organismo vivo, con su consiguiente corrupción: la sustancia que es el hombre se descompone, pierde su unidad.

La radicalidad de la tesis tomista depende a su vez de la radicalidad con que afirma la unidad del hombre. Aprovechando la filosofía aristotélica, Tomás de Aquino lo describe como una sustancia hilemórfica con un único principio vital. Pero para entender los acentos tomistas es preciso enmarcarlos en su contexto histórico.

4. El hombre y el cuerpo en el pensamiento cristiano precedente

Desde sus inicios hay una fuerte tendencia en la antropología cristiana a la valoración positiva del cuerpo, basada de modo particular en uno de los artículos del Símbolo: la resurrección de la carne. Si Cristo ha resucitado, es decir, ha vuelto a tomar su cuerpo, mostrándose de este modo como ejemplar de la humanidad definitiva, el cristiano no puede dejar de valorar la corporalidad, pues pertenece a la perfección humana.

Esta convicción chocaba con buena parte del pensamiento filosófico del momento, como pone de manifiesto la irrisión de los oyentes del discurso de San Pablo en el Areópago[26]. Seguramente la raíz del escándalo del auditorio, como se suele pensar, se debía a la dificultad para entender que el mensaje que se les proponía contuviera algo de positivo. Si esto es así, el paradigma que mejor da razón de esta incomprensión es el pensamiento que procede de Platón.

---

26. "Cuando oyeron lo de "resurrección de los muertos", unos se echaron a reír y otros dijeron: –Te escucharemos sobre eso en otra ocasión". *Hech* 17, 32.

Desde un punto de vista filosófico, Platón ha formulado con gran vigor la prioridad de lo inteligible, es decir, de aquello que en el hombre vence lo efímero y corruptible, sobre lo sensible. En esto no es sino un continuador de buena parte del pensamiento filosófico precedente. En efecto, la filosofía aparece como una actividad diferente de otras en virtud del descubrimiento de que la realidad se encuentra fundada en presente, a diferencia, por ejemplo, de la actitud mítica, que explica lo que ahora es cambiante y se encuentra sujeto a decadencia recurriendo a un tiempo primordial que da razón de la realidad, pero que –y de ahí la decadencia– la ha abandonado. El filósofo, en cambio, explica la realidad desde la convicción de que lo que lo que da razón de ella no la ha abandonado[27]. Por eso tiene sentido señalar qué es más importante y qué es menos importante, de acuerdo con su proximidad al principio, y se ponen las bases de la mentalidad científica, que explica la realidad ordenadamente recurriendo a sus principios. Pero la progresiva explicitación de la actividad filosófica debía llevar a darse cuenta de que encontrar lo permanente de la realidad exige, a su vez, que en el hombre exista algo que se pueda relacionar con el fundamento, y que, por tanto, se encuentra también más allá de lo efímero.

En Platón opera esta convicción, pero con la peculiaridad de que se formula que la pertenencia al mundo de lo realmente real corresponde a cada hombre. El hombre es inmortal porque aquello que es más radicalmente él mismo pertenece al mundo de las ideas. Nos encontramos, tal vez, ante la más clara afirmación que el pensamiento antiguo ha legado de la pervivencia del yo individual.

Pero al señalar nuestra parte intelectual como la radical, aparece por primera vez en toda su crudeza la problematicidad de la existencia presente. Nuestra parte superior se encuentra sumergida, en virtud de su corporeidad, en el mundo del cambio y so-

---

27. Cfr. Polo, L., *Introducción a la filosofía*, EUNSA, Pamplona, 1995.

metida a sus veleidades. Parece, por tanto, que la separación del alma respecto de su cuerpo constituye en realidad, a pesar de las apariencias, una liberación definitiva de la miseria de nuestra condición presente.

En Platón la muerte pierde en el pensamiento filosófico el rostro bifronte que desde siempre parece haberle correspondido en la experiencia humana. Para esta última morir siempre ha sido terrible, pero, al mismo tiempo, también una puerta hacia lo otro que el hombre, y por eso susceptible de una valoración positiva. Ahora, para Platón, la muerte verdadera, no la aparente, consiste en la reclusión en nuestra prisión corpórea. De acuerdo con ello, filosofar es morir, y comportarse según nuestra verdadera índole no es otra cosa que anticipar la muerte.

El filósofo cristiano se encontrará así ante un dilema. Por una parte, Platón es el filósofo que con más agudeza defiende la dignidad humana, pues ha probado la inmortalidad de su alma en el Fedón y el libro décimo de la República y que Dios se preocupa por ella en el Timeo; ha defendido la ley moral con argumentos seguros a lo largo de su obra; y ha probado la existencia de Dios en las Leyes[28]. Todo esto le otorgaba, sin duda, unas buenas credenciales ante el cristianismo, hasta el punto de justificar el juicio de San Agustín, para quien habría que cambiar pocas cosas en la mente de los platónicos para que se hicieran cristianos[29]. Pero, junto a esto, su antropología chocaba con uno de los puntales de la doctrina cristiana[30].

---

28. Cfr. Pégis, A., *Saint Thomas and the Problem of the Soul in the Thirteenth Century*, Pontifical Institute of Mediaeval Studies, Toronto, 1934, pp. 13-14.

29. *De vera religione*, IV, n. 7

30. En *Retractationes* (I, 1, 12) se lamenta de haber ido quizá demasiado lejos en sus alabanzas a los platónicos, aunque continúo haciéndolas posteriormente

Esto explica que no pocos escritores cristianos, como Justino, Taciano, Ireneo o Tertuliano abandonen a Platón en su antropología hasta el punto de no afirmar con claridad la inmortalidad del alma para no comprometer el valor positivo de la resurrección de la carne. En este punto se acomodan a la visión bíblica del hombre, que, aun en los momentos de mayor contacto con la cultura griega, nunca ha restado valor a la corporeidad humana.

Y, sin duda, la visión veterotestamentaria es la visión cristiana. Como pone de relieve Guardini, en el cristianismo, el poder que gobierna al hombre no es el espíritu, sino el corazón[31], si bien en el cristianismo no faltan las invitaciones a superar una visión demasiado marcada por la figura de este mundo que pasa[32]. Por otra parte, el núcleo de la redención cristiana gira en torno a la venida del Hijo de Dios en la carne, como la mayor muestra de la misericordia divina, y esto concede un valor a la corporeidad que no podía en modo alguno vislumbrar Platón.

No obstante, no faltarán los pensadores como Orígenes, que intentarán esta conciliación. ¿No será posible, a pesar de todo, aprovechar las virtualidades del sistema platónico para elaborar una síntesis intelectual cristiana? Pero su ambicioso intento tropezará con no pocos escollos en este punto, y, a pesar de su sincera intención de conservar el sentir de la Iglesia, la insuficiencia de

---

31. "Das 'Herz' nicht 'der Geist', wir zur entscheidenden Macht – wobei freilich 'Herz' etwas Grundanderes bedeutet als bloßes Gefühl oder gar Sentimentalität. (...) Das Herz ist die lebendige Einheit von Geist und Blut, die eigentliche Wirklichkeit des Menschen, seine innigste Mitte, der Ort aller Entscheidung, der Ursprung des Werdens und Umwerdens". Guardini, R., *Die letze Dinge*, Im-Werkbund, Würzburg, 1952, p. 63.

32. Me refiero, por ejemplo, a la afirmación del Señor de que "serán como ángeles del cielo" (Mt. 22, 30), y a las alusiones a la resurrección de SAN PABLO: "se siembra un cuerpo animal (*psychikón*), resucita un cuerpo espiritual (*pneumatikón*)" (I Cor. 15, 44.).

sus principios filosóficos le condujo a ambigüedades difícilmente resolubles.

El teólogo que más influyó en las soluciones posteriores, al menos en ámbito occidental, fue sin duda San Agustín, y también en él se ven con claridad las paradojas que conlleva la aplicación de una antropología que todavía no se ha liberado de las deficiencias platónicas.

Para el obispo de Hipona, alma y cuerpo son dos realidades bien diferenciadas, hasta el punto de constituir dos sustancias; pero esto precisamente plantea en toda su crudeza el problema de su relación. ¿Cómo afirmar la superioridad del alma sin negar la positividad del cuerpo? La solución agustiniana es que el hombre es un alma racional que usa un cuerpo terreno y mortal[33].

En efecto, usar un cuerpo, *prout verba sonant,* parece mejor que no usarlo. Si yo dispongo de un instrumento, parece algo negativo que me priven de él. Pero el asunto resulta más oscuro cuando se considera las condiciones que nos impone este uso. Pues el alma, mientras usa el cuerpo no es libre de él, sino que está sujeta a su mutabilidad. Y, por otra parte, el problema antropológico no se resuelve, sino que queda en pie, pues si alma y cuerpo son dos sustancias, no resulta fácil admitir que formen una unidad. Más bien, lo que nos queda es que el hombre es su alma[34], y el cuerpo un envoltorio que no forma parte de su constitución última, y esto reintroduce de nuevo gran parte de los problemas que se deberían resolver.

Para hacer justicia a la verdad, es preciso afirmar que esta insuficiencia de las categorías platónicas en la teología de San Agustín

---

33. "Homo igitur, ut homini apparet, anima rationalis est, mortale atque terreno utens corpore". *De moribus Ecclesiae*, I, 27, 52 (PL, 32, col. 1332).

34. Cfr. BAZÁN, B., *Pluralisme de formes ou dualisme de substance*, en "Revue Philosophique de Louvain", 67 (1969), p. 37.

es menos determinante que en Orígenes, y que no deja de apuntar hacia una solución diversa[35].

5. El contexto próximo de Santo Tomás

En la teología que precede a Santo Tomás, la influencia de San Agustín y, con él, de las categorías platónicas resulta determinante. Sin embargo, el conocimiento cada vez más detallado de Aristóteles, y su creciente prestigio, conduce a intentar explicar la fe adoptando los principios de su antropología.

Una de las preguntas que se plantean respecto a nuestro asunto es cuál es la relación del alma con la persona, es decir, si el alma es o no la persona. Y, por otra parte, una vez determinado qué es el alma, cuál es su relación con el cuerpo.

Respecto a lo primero, tanto Pedro Lombardo como Hugo de San Víctor están de acuerdo: el alma humana es persona. Este último llega a dicha conclusión partiendo de la definición de persona recibida de Boecio: "¿Qué quiere decir persona? ¿Acaso no es un individuo de sustancia racional? Por lo tanto, si persona es individuo de sustancia racional, el espíritu racional, que es uno por su simplicidad, y capaz de naturaleza racional, tiene como propiedad el ser persona. (...) Cuando se encuentra unido al cuerpo es una persona con el cuerpo. En cambio, cuando es separada del cuerpo

---

35. "San Agustín podría ser excluido de un dualismo auténtico si hubiera conocido la distinción que aparecerá en Santo Tomás entre *sustancia completa* y *sustancia incompleta*. Pero no aparecen estos conceptos en sus escritos. Se puede decir que, bien a su pesar, el Obispo de Hipona se ha encontrado ante un callejón sin salida, que desemboca en el choque producido entre lo que le desvela su propia experiencia como hombre y sus elementos teóricos". ARANGUREN, J., *El lugar del hombre en el universo. "Anima forma corporis" en el pensamiento de Santo Tomás de Aquino*, EUNSA, Pamplona, 1997, p. 27.

no deja de ser persona, y es la misma persona que fuera primero.
(...) El alma separada de la carne permanece siendo la persona espíritu racional"[36]. Y el Maestro de las Sentencias dirá que el alma
separada, como el ángel, es de un modo absoluto persona[37]. Si bien
más adelante, el mismo San Buenaventura, un teólogo inmerso en
la tradición agustiniana medieval afirmará ya la inconveniencia de
esta afirmación[38].

El otro problema alcanza su apogeo en pleno siglo XIII, entre
los contemporáneos de Santo Tomás, que pertenecen a dicha es-
cuela, para quienes proponer sin más la doctrina aristotélica era
poner en peligro la inmortalidad personal. Lo peculiar de su solución es retomar una teoría de Avicebrón: la de la pluralidad de
almas en el viviente. Sucintamente esta doctrina afirma que las
formas superiores, como la racionalidad, suponen en el hombre
otras formas inferiores.

De este modo se hará corriente admitir en el hombre la existencia de una *forma corporeitatis*, que actualiza al cuerpo hacién-
dole ser lo que es, y, por ende, apto para recibir un alma que lo
haga viviente. Pero aquí evidentemente la noción de forma no tiene el sentido que Aristóteles otorgaba a la forma sustancial, y deja,
por tanto, sin explicar la unidad del compuesto humano.

Su utilidad, sin embargo, aparecía claramente en el ámbito
teológico. Con ella se conseguía dar razón del culto a las reliquias
de los santos, ya que permitía explicar que se trataba del verdadero
cuerpo del santo. Y también permitía responder afirmativamente
a la pregunta de si el cuerpo de Cristo era el mismo en el sepulcro,
una vez separado de su alma espiritual. En efecto, si la forma es

---

36. Hugo de San Víctor, *De Sacramentis*, lib. II, P. 11 (PL, 176, col.
410d-411b).

37. Cfr. Pedro Lombardo, *Liber IV Sententiarum*, Lib. III, d. 5, c. 3, 34.

38. Cfr. *In III Sent.*, d. 5, q. 3, a. 2.

una sola, la muerte comporta un cambio sustancial en el que tan sólo permanece la materia prima, lo que parece imposibilitar cualquier referencia real al alma que la ha abandonado.

La admisión del hilemorfismo universal por parte de Alejandro de Hales y, tras él, San Buenaventura, representa otro problema para dar una solución a la relación alma cuerpo y su tratamiento desde la categoría de sustancia. Para esta doctrina, toda criatura, por serlo, está compuesta de forma y de materia, que es su principio de potencialidad. Así pues, la materia puede ser espiritual o corpórea. En el caso del alma humana separada, San Buenaventura admite una materia espiritual, sin la cual no se diferenciaría del Acto Puro[39]. Pero, si esto es así, la unión del alma espiritual, de lo que persiste tras la muerte en el hombre, con el cuerpo es la de una forma-materia con un cuerpo. ¿A qué tipo de unidad pueden dar lugar?

6. La unidad del hombre en Santo Tomás

Para Tomás de Aquino, la solución del problema pasa por el uso coherente de las categorías aristotélicas. Desde esta perspectiva, el problema de la naturaleza del hombre y de la articulación en ella de algo incorruptible con algo corruptible no se soluciona intentando unir dos realidades distintas, sino partiendo de la unidad del hombre. Precisamente ahí se encontraba el peligro de la solución de Aristóteles para muchos pensadores cristianos. Si, como él, se parte de la sustancia viviente que el hombre es, resulta difícil explicar que el hombre no sucumba definitivamente en su individualidad con la muerte. Además, la interpretación árabe de

---

39. Cfr. GILSON, E., *La filosofia di San Buonaventura*, Jaca Book, Milano 1995, p. 293 ss.

su doctrina, que fue el vehículo de su transmisión a occidente, hacía más claro dicho peligro.

Tomás de Aquino sostendrá que, puesto que el hombre es una única sustancia, sólo hay en él una forma sustancial: su alma espiritual; y que ésta es el principio por el cual la materia de que se compone el hombre es corpórea y viviente. De este modo, el alma espiritual del hombre aparece con toda claridad como un co-principio de la sustancia que el hombre es. La sustancialidad del alma se separa del problema de su subsistencia.

Para probar que el alma es subsistente al margen de la materia debemos demostrar que es principio de operaciones al margen de la materia; pues no puede subsistir ninguna realidad viviente que no pueda ejercer algún tipo de operación vital en acto[40].

En los vivientes materiales, esas operaciones son al menos las vegetativas; en las sustancias espirituales se trata de la actividad intelectual, que es continua y sin interrupciones. Si el principio vital del hombre puede subsistir al margen de la materia que naturalmente informa, es preciso que pueda ejercer alguna actividad al margen de ella. Por eso, la prueba de la subsistencia del alma exige demostrar que nuestro conocimiento intelectual lo obtenemos mediante operaciones que no puede ejercer ningún órgano corpóreo, y que, por tanto, responden a una potencia inorgánica que no abandona al alma con la corrupción del cuerpo.

Con estos presupuestos, resulta fácil deducir que, a la pregunta de si el alma separada del cuerpo es persona, la respuesta será

---

40. "Toda sustancia viviente tiene alguna operación en acto por su propia naturaleza, que siempre se encuentra en ella, aunque otras a veces se encuentren en potencia: como los animales siempre se nutren, aunque no siempre sientan. Las sustancias separadas son sustancias vivientes, como resulta claro de lo dicho anteriormente; pero no tienen otra operación vital sino entender. Conviene, por tanto, que por su naturaleza sean siempre inteligentes en acto". *C. G.*, II, cap. 97.

contundentemente negativa. El alma no es persona porque es tan solo una parte del hombre, a saber, su principio formal. Por eso no se puede admitir que el alma separada del cuerpo se encuentre en una situación mejor que cuando se encuentra unido a él. De hecho, "el alma unida al cuerpo se asemeja más a Dios que separada de él, porque posee más perfectamente su naturaleza"[41].

Esta negación de que el alma humana sea persona ha dado lugar a muchas perplejidades. Y es que nuestro autor no se ahorra afirmaciones muy duras en este sentido, como ésta: "El alma, puesto que es parte del hombre, no es todo el hombre, y el alma no es el yo; por lo que, aunque el alma alcance la salvación en la otra vida, no lo hago yo ni hombre alguno"[42]. Para entender mejor esta actitud hay que entender el modo en que se plantea el problema, de acuerdo con los presupuestos de que parte, y el significado que otorga a los términos.

En primer lugar, como teólogo cristiano, Tomás de Aquino trabaja a la luz de varios conocimientos que provienen de la fe. Uno de ellos es la resurrección de la carne, que sella por parte de Dios la pertenencia de la materia a la naturaleza del hombre. Otro es el hecho mismo de la Encarnación del Verbo, que muestra la aptitud de lo sensible para revelar, no sólo lo inmaterial, sino la divinidad misma. Y, al mismo tiempo, la importancia que la fe otorga a la muerte de Cristo como prueba de amor a los hombres, cuya fuerza desaparecería si morir, para el hombre, no fuera realmente –y no sólo según las apariencias– un mal en cierto modo supremo[43].

---

41. *De Pot.*, q. 5, a. 10, ad 5.

42. *Ad I Chor.*, XV, lect. 2, n. 924.

43. Esta certeza es además especialmente importante en la espiritualidad de la Iglesia occidental, que siempre ha mostrado una particular devoción al misterio de la Cruz, a la que no era ajeno nuestro autor. Cfr. TORRELL, J. P., *Tommaso d'Aquino. L'uomo e il teologo*, PIEMME, Casale Monferrato, 1994, p. 322.

Por otra parte, su definición de persona es la de Boecio: sustancia individual de naturaleza racional. Por eso, la persona es la sustancia, y, si se trata, como en el hombre, de una sustancia hilemórfica, ni la forma ni la materia son de suyo la persona –porque no son la sustancia–, sino una parte de ella.

Sin embargo, es preciso no malinterpretar esta crudeza, llevándola más allá de donde él pretendía. Para entender la afirmación de que el alma separada no es persona es preciso tener en cuenta además otros aspectos de su doctrina metafísica.

Uno de ellos es la distinción real entre esencia y ser. De acuerdo con ella el término sustancia puede ser considerado de varias maneras. En primer lugar, en referencia a los accidentes, según la consideración categorial, respecto de los cuales aparece como potencia. Y, en segundo lugar, como potencia, pero, en este caso, respecto al ser.

Efectivamente, Tomás de Aquino ha rechazado el hilemorfismo universal, que usa la materia para distinguir las criaturas de Dios, o Acto puro. Su solución a ese mismo problema consiste en afirmar que es posible la existencia de formas inmateriales subsistentes sin ninguna materia, y que no obstante se distinguen de Dios porque en ellas hay una diferencia entre su sustancia o esencia y el ser que reciben de Dios, respecto del cual la sustancia es potencial.

Si esto es así, ¿cuál es –como tradicionalmente se ha formulado el problema– el constitutivo esencial de la persona? Esta pregunta ha tenido diversas respuestas, pero, en mi opinión, si nos atenemos a la distinción real tomista, sólo una es posible, que depende del sentido en que tomamos el término sustancia. Si entendemos como sustancia –y por lo tanto persona– la esencia, la única solución es que la noción de persona "tiene razón de completo y de todo. Pero el alma es parte. Luego el alma no tiene la razón de persona"[44]. Pero desde una consideración transcendental la solución es distinta, porque la persona no es tal sin el acto por el que es, y, en ese sentido, el alma separada ciertamente no es la persona, pero tampoco lo es ésta junto con el cuerpo, porque ninguna de las dos realidades coincide con el acto por el que es real. Además, el ser es lo más íntimo a cada cosa (*est maxime intra rem*), después la forma y, en tercer lugar la materia[45].

Y, evidentemente, cuando referimos esta distinción al hombre, parece claro que aquello que en él es más íntimo es aquello en virtud de lo cual es persona. Por eso, la interpretación más adecuada de Santo Tomás, y que mejor respeta el conjunto de su metafísica, consiste en decir que el constitutivo formal de la persona es el acto de ser[46]. Éste es, por otra parte, el único modo de explicar que la persona es realmente tanto su alma como su cuerpo, sin identificarse con ninguno de ambos.

Otro escollo que se presenta es el de la individuación del alma humana. En las sustancias incorpóreas la individuación no se hace por la materia. Pero, precisamente por ello, su diferencia mutua es específica. No puede haber varios ángeles que compartan la misma especie. Que los hombres, teniendo un alma espiritual, compartan la misma especie sólo se puede deber a la materia que compone su naturaleza. Pero, en ese caso, ¿es su principio de individuación la materia?

Para responder es preciso adoptar el punto de vista correcto, pues las formas materiales y el alma humana, siendo ambos principios formales respecto de la materia, no lo son del mismo modo.

---

44. *In III Sent.*, d. 5, q. 3, a. 2, sc 2.

45. Cfr. *S. Th.* I, q. 8, a. 1 co; q. 105, sc. "(...) El ser es más íntimo a cualquier realidad que todo aquello por lo que el ser se determina; por lo que, permanece también cuando esto desaparece" *In II Sent.*, d. 1, q. 1, a. 4.

46. Es, por otra parte, la que ya propone Capreolo. Cfr. FORMENT, E., *Ser y persona*, Univ. de Barcelona, Barcelona, 1982.

"De todas aquellas cosas que llegan al ser por creación, tan sólo Dios es su causa inmediata. Tales son las que no pueden llegar al ser mediante el movimiento, ni por generación. En primer lugar, por la simplicidad de la esencia en que subsisten, ya que todo lo que se genera debe estar compuesto de materia y forma. Por eso ni los ángeles ni las almas racionales pueden ser generadas sino sólo creadas. En cambio, en las otras formas es distinto, ya que, aunque sea simples, no tienen, sin embargo, ser absoluto, ya que no son subsistentes. De donde llegar al ser no les corresponde a ellas, sino al compuesto que tiene esa forma, que se dice generado por sí, ya que tiene el ser por sí"[47].

En el hombre, a diferencia de los demás vivientes materiales, el alma no procede tan sólo por generación, porque lo que en él es formal no puede ser generado, sino que es creado directamente por Dios. Por eso, su individuación no se da tan sólo en el orden material, sino, ante todo, en el orden de la creación, o sea, respecto a la acción directa de Dios.

Pero, si bien el ser recibido de —que, como hemos dicho antes, es el ser personal— comporta una individuación superior a la de la materia, no por eso la materia deja de estar en la entraña de la naturaleza humana. De hecho, en sentido propio, Dios no crea el alma, sino el hombre. Por eso, la creación —y, por tanto, la indivi-

---

47. *In II Sent.*, d. 1, q. 1, a. 4 co. De un modo semejante se expresa en otro lugar: "cuanto más alta es una forma, tanto más alto debe ser el agente que la produzca. Como el alma humana es la más alta de todas las formas, es producida por un agente potentísimo, Dios, pero de otro modo que otras formas por parte de otro agente. Pues otras formas no son subsistentes, de modo que el ser no les pertenece, sino que les corresponden algunas cosas, de modo que se originan en la medida en que la materia o el sujeto es reducido de la potencia al acto, y esto es educir la forma de la potencia de la materia sin adición de algo extrínseco. Pero el alma tiene ser subsistente, de modo que es a ella a la que corresponde propiamente ser hecha, y al cuerpo ser atraído a su ser". *De spir. creat*, a. 2, ad 8.

duación– dependen, si bien sólo ocasionalmente, de la generación. Y, precisamente esa materia es el principio que explica la pluralidad de seres personales de la misma especie. Por eso, la materia, en el hombre, en lugar de ser un mero principio de individuación, es el principio que permite la comunidad específica[48].

El alma humana, por ser humana, no es creada sin el cuerpo, pues éste le corresponde no de forma accidental, sino esencial[49]. Y esto, aunque el alma pueda sobrevivir a la destrucción de su cuerpo. Se ve, por tanto, que la solución tomista, conservando la superioridad y espiritualidad del alma y, en consecuencia, su relativa independencia, consiste en situar la unión alma-cuerpo en el orden del ser. El hombre no es un espíritu que usa un cuerpo, porque entonces la unidad estaría en el orden del operar y no en el orden del ser. Más bien se debe decir que uno es el ser del alma y el del cuerpo porque el alma trae al cuerpo a su ser. Por tanto, el acto de unión entre ambos no es un acto segundo, sino el acto

---

48. Así compara los espíritus puros con el hombre: "en tales sustancias no se encuentra una multitud de individuos en una especie, como se ha dicho, sino en el alma humana en virtud del cuerpo al que se encuentra unida. Y aunque su individuación dependa *ocasionalmente* del cuerpo en cuanto a su incoación, pues no adquiere ser individuado sino en el cuerpo del que es acto, sin embargo, no es preciso que una vez arrebatado el cuerpo el individuo perezca, pues al tener ser absoluto, mediante el cual ha adquirido ser individuado por haber sido hecha forma de este cuerpo, aquel ser siempre permanece individuado". *De ente et essentia*, c. 4.

49. A la hora de mostrar que el alma no puede ser creada al margen del cuerpo argumenta del siguiente modo: "Toda parte separada del todo es imperfecta. El alma, como es forma, según se ha probado, es una parte de la especie humana. Así pues, existiendo por sí sin el cuerpo es imperfecta. Lo perfecto es anterior a lo imperfecto en el orden de las realidades naturales. Así pues, no compete al orden de la naturaleza que el alma fuera creada desprovista del cuerpo antes que unida al cuerpo". *C. G.* II, c. 83. Hay que tener en cuenta que no es lo mismo la naturaleza perfecta, en el sentido de completa, que la perfección de la naturaleza, que implica el proceso de crecimiento.

primero; no un acto ejercido, sino el acto por el que el hombre radicalmente es quien es.

Pero, si la unidad del hombre es real, no es menos cierta la existencia en él de múltiples dimensiones, en ocasiones, incluso aparentemente contradictorias. ¿Cómo compaginar ambas?

Aunque cuerpo y alma sean uno en el ser, no deja de ser cierto que el hombre ejerce operaciones distintas, y esto exige principios operativos, es decir, potencias, diversas. De acuerdo con lo expuesto, Tomás de Aquino da razón de esta diversidad afirmando que todas las potencias del hombre emanan juntamente de la esencia de su alma.

Se trata de una consecuencia que deriva de la unidad del principio vital del hombre. Si el hombre es realmente así, su espíritu no puede entenderse como una realidad que se une –por íntimamente que sea– a una realidad ya viva. Por el contrario, todo lo que hay de vital en éste debe responder al mismo principio, que es espiritual, es decir, inmaterial, y, por tanto, intelectual[50].

Esto implica ciertamente un orden entre las potencias. De este modo, "la esencia del alma se compara con las diversas potencias como principio activo y final, y como principio receptivo, sea por sí misma, o bien unida al cuerpo. Y, puesto que el agente es más perfecto que el principio receptivo en cuanto tal, resulta que las potencias del alma que son anteriores según el orden de la naturaleza son principio de las demás a modo de fin y principio activo"[51].

---

50. "Pues la sustancia del alma humana tiene inmaterialidad por lo que tiene naturaleza intelectual". *C. G.*, II, c. 77. Téngase en cuenta el principio tomista al respecto: "Una realidad inteligente lo es en por ser sin materia: de lo cual es signo que las formas se vuelven entendidas en acto por abstracción de la materia". *C. G.*, I, c. 44. Al mismo tiempo, ser inmaterial comporta ser entendido en acto: "algo es entendido en acto por ser inmaterial". *S. Th.*, I, q. 55, a. 1, ad 2. Cfr. *Q. D. De anima*, a. 2, ad 5.

51. *S. Th.*, I, q. 77, a. 7, co.

Si aplicamos esto al proceso de la generación, resulta que las potencias más básicas e inferiores son las primeras, pero su aparición no es un fin en sí misma, sino que se encuentra finalizada hacia la aparición de lo superior, que es el conocimiento intelectual. Pero éste ya está actuando desde el principio, no de un modo operativo, pues todavía no es posible sin las potencias sensitivas, sino como orientación natural de todo el proceso.

Puesto que la vida más excelente es la intelectual, las potencias inferiores, aparecen en escena como principios de actos que están al servicio de la actividad superior del hombre. Sólo ésta puede ser su justificación si aceptamos que el alma no está unida al cuerpo en beneficio de éste, sino a la inversa[52].

Por eso, Tomás de Aquino no explica la imperfección del alma en virtud de la unión a un cuerpo, sino que explica dicha unión en virtud de la máxima potencialidad del alma entre las formas intelectuales[53]. Esta es la razón de que precise un cuerpo aun para ejercer adecuadamente la actividad intelectual que le corresponde.

Dentro de esta emanación ordenada, conviene distinguir tres niveles. Por un lado, se encuentran las potencias vegetativas, por otro, las sensitivas, y, sobre todas ellas, las intelectuales. Las dos primeras clases de potencias son recibidas en la materia, mientras que las terceras no tienen como sujeto órgano alguno. Además, hay que distinguir, entre las potencias cognoscitivas –o sea, las dos últimas–, las que son propiamente cognoscitivas de los apetitos o tendencias que proceden de la esencia del alma a través de aquéllas.

Por otra parte, las potencias se dividen en activas y pasivas. Las primeras son aquellas que pasan al acto por sí mismas,

---

52. "Pues la unión del cuerpo y el alma no es para el cuerpo, para que el cuerpo se ennoblezca, sino por el alma, que necesita del cuerpo para su propia perfección". *De spirit. creat.*, a. 6 co.

53. Cfr. *De ente et essentia*, c. 3.

mientras que las segundas sólo actúan en la medida en que son movidas por las activas. Ahora bien, la emanación ordenada de todas las potencias del hombre ¿garantiza inmediatamente la ordenación efectiva de sus operaciones a la actividad suprema del hombre?

La respuesta de Santo Tomás es negativa. Para que esa ordenación se haga efectiva se requiere el concurso de la actividad racional que oriente, en la medida en que le resulta posible, las demás actividades vitales. Precisamente ese influjo de la razón que mueve a las potencias a ella subordinadas es la explicación radical de que éstas últimas sean susceptibles de hábitos. Evidentemente este influjo sólo puede llevarse a cabo en las potencias que son pasivas respecto a las intelectuales, pues el agente "en cuanto que es agente, no recibe nada. Pero en cuanto que obra movido por otro, recibe algo del que lo mueve; y de este modo se causa el hábito"[54]. Así ocurre con las tendencias sensibles, a las que resulta natural que sean "subordinables a la razón" (*subiicibiles rationi*), aunque no les sea natural estar efectivamente sujetas según el hábito"[55], pues esto exige el ejercicio libre del agente. Y por todo ello se puede decir que la virtud es una forma sellada o impresa en la potencia apetitiva por la razón[56].

La condición de posibilidad de este influjo se encuentra en el modo de emanación de estas potencias, en virtud del cual se puede decir que, aun antes de que reciban el influjo de la razón, se encuentran en ellas como ciertas semillas de las virtudes[57].

---

54. *S. Th.*, I-II, q. 51, a. 2, ad 1.
55. *De virt. in comm.*, q. 8 co.
56. Cfr. *De virt. in comm.*, a. 9 co.
57. Cfr. *De virt. in comm.*, a. 8, ad 10. Para este tema se puede consultar mi trabajo *Hábito y libertad en Tomás de Aquino*, Actes du IX Congrès international de Philosophie Médiéval, Legas, Ottawa, 1996, vol. 2, sect., 2, pp. 748-758.

Pero Tomás de Aquino no se conforma con enunciar esta dependencia de unas potencias respecto de otras en el orden de los actos segundos, sino que va más al fondo: "entre las potencias del alma sólo son activas el intelecto agente y las potencias del alma vegetativa, que no son sujetos de ningún hábito. Las otras potencias del alma son pasivas, y son principios de las acciones del alma en cuanto que son movidas por las activas correspondientes"[58].

En último extremo, si miramos al hombre, hacia arriba, hacia lo que hay de superior y de más íntimo, todas las potencias dependen del intelecto agente, porque éste no es una potencia más, sino la intelectualidad radical del hombre en acto[59]. Sólo en virtud de este principio, las operaciones humanas son las de un ser intelectual. En efecto, mientras que los sentidos –cuyas operaciones preceden y posibilitan la operación intelectual– son potencias pasivas, pues sólo pasan al acto en virtud de la inmutación o del acto de aquellas que las preceden, el intelecto agente pone en acto la potencia intelectual desde su primera operación, que es la abstracción, y del conocimiento intelectual derivan los actos de la voluntad, que mueve también a las otras tendencias.

Ahora bien, es patente que en el hombre las tendencias sensibles no sólo se orientan por la voluntad. De hecho, antes de que el hombre se pueda guiar por la razón, las potencias ya se encuentran actuando en beneficio del viviente. La razón de esto es que las potencias sensibles tienen una doble finalidad. Por un lado, como ocurre en los animales, se encuentran ordenadas respecto de las potencias vegetativas, que tienden a la conservación de la especie. En los animales este orden está ya logrado de entrada en virtud de los instintos. En ellos la sensibilidad no es el fin del viviente, sino

---

58. *De virt. in comm.*, q. 1, a. 3 co.
59. Cfr. CANALS F., *Sobre la esencia del conocimiento*, PPU, Barcelona, 1987.

que se orienta, en último extremo, a la vida vegetativa. Ningún animal tiene por naturaleza el deseo de saber. Y en todo caso, las actividades sensibles que no estén directamente orientadas a la conservación de la especie tienen tan sólo un sentido lúdico o superexcedente, que preludia la inteligencia humana, pero que no se integra en una vida superior.

Mientras en el hombre no aparece la actividad racional (el uso de razón), las tendencias sensibles se ordenan también a la vida vegetativa. Esa ordenación no es estática, puesto que el fin vegetativo prioritario es el crecimiento, que está orientado a su vez a la aparición de las operaciones superiores. Además, la plasticidad de las tendencias humanas, que es una exigencia de la racionalidad, permite que la influencia de los patrones culturales y educativos sea muy superior a que ejercen en un mero animal. Pero lo que ahora nos interesa más es percibir que la aparición del uso de razón hace que el orden de las diversas actividades ya no esté garantizado y exige que sea el individuo mismo quien lo instaure racionalmente.

Sin embargo, los actos racionales no cambian radicalmente la orientación de la actividad sensible, que puede todavía regirse según el principio activo inferior. Por eso cabe poner como fin algo que no se encuentra de acuerdo con el fin superior, que a la dimensión intelectual del hombre toca descubrir y perseguir. Es más, la posibilidad de esa desconexión, junto con el influjo de la razón, posibilita el desorden que aqueja frecuentemente a la naturaleza humana[60]. Y es que la razón puede imponer su orden en las tendencias sensibles, pero no alcanza a las potencias vegetativas, que siguen siendo un principio activo irreductible al principio intelectual. Y la sensibilidad humana junto con sus tendencias sensibles

---

60. "Como entre los bienes el intelecto y la razón tienen preeminencia, así, por el contrario, en los males la parte inferior del alma, que nubla y arrastra a la razón, resulta más importante". *S. Th.*, I-II, q. 82, a. 3 co.

mismas, en la medida en que se fundan sobre aquéllas, nunca se encuentran totalmente sometidas a la razón. Por esta razón cabe hablar de la existencia en el hombre de dos naturalezas: una sensitiva y otra intelectual[61].

Si lo consideramos bien, que la vida vegetativa responda a un principio activo distinto de la inteligencia constituye el límite del influjo de nuestra alma espiritual sobre nuestro cuerpo. Y téngase en cuenta que, si, como parece exigir la unidad del hombre, seguimos manteniendo la derivación de todas las potencias desde la esencia del alma, la no subordinación de las potencias vegetativas es algo que afecta al alma en su entraña misma. Y es precisamente esta no subordinación la que de hecho se transforma en insubordinación definitiva en la muerte.

Ahora resulta más fácil ver que la severidad de la muerte en el hombre no sólo no se resuelve admitiendo que su espíritu es indestructible, sino que se agrava. Y esto no sólo ocurre en el ámbito de la experiencia, para la cual la muerte aparece como un límite siempre prematuro de la vida humana, ya que nuestras expectativas siempre podrían continuar si el morir no aconteciese de hecho. Además, este carácter de límite vital se corresponde en el orden ontológico con una cierta incoherencia en lo más profundo de nuestro ser.

---

61. "Como en el hombre hay dos naturalezas, la intelectual y la sensitiva, a veces el hombre es uniforme según toda el alma, pues, o bien la parte sensitiva se somete totalmente a la razón, como ocurre en los virtuosos, o bien, por el contrario, la razón es totalmente absorbida por la pasión, como ocurre en los amentes. Pero puede ocurrir que, aunque la razón sea nublada por la pasión, quede algo libre de la razón. Y en esta medida puede uno, o bien repeler la pasión totalmente, o bien, al menos, retenerse para no seguirla. Pues en esta disposición, como el ser humano se dispone de manera diversas según diversas partes, parece una cosa según la razón y otra según la pasión". *S. Th.*, I-II, q. 10, a. 3, ad 2.

En este sentido, Santo Tomás siempre considerará que la muerte no tiene causa eficiente, sino deficiente. Se trata de la imposibilidad por parte del espíritu humano de comunicar su incorruptibilidad al cuerpo. Por eso la muerte es un mal. De hecho, todos los vivientes la huyen en la medida de sus posibilidades. "Nada tiende a su contrario, pues cada cosa apetece lo que es semejante a él y conveniente"[62]. Y lo contrario de la vida es la muerte.

Hemos visto que la posibilidad de desorden en la sensibilidad humana se debe a la independencia respecto del espíritu que deriva de la incoherencia del principio vegetativo. Pero si el orden de la operación se puede atribuir al agente, que obra con un determinado defecto, al menos en la medida que ese defecto es libremente consentido, no se puede decir lo mismo de lo que aparece como una incoherencia en el hombre. Por el contrario, ésta le corresponde por naturaleza, y por tanto parece que debería atribuirse al autor de esta.

Tomás de Aquino siempre considera la desaparición de algunas realidades en favor de otras un cierto mal, pues se opone a la naturaleza particular de cada cosa desaparecer o morir. Pero esta oposición sólo existe respecto a la inclinación de la forma, que tiende a conservarse en la medida de lo posible, y no respecto a la inclinación de la materia, que no está necesariamente sujeta a ella. Cuanto más perfectas o vivas sean las cosas su desaparición comporta un mal mayor. Pero este mal se puede explicar porque permite un bien en el conjunto de los seres. De hecho, para Santo Tomás, pertenece a la perfección del universo que existan seres que se pueden corromper, y que, por tanto, se corrompan de hecho. Esto no se opone a la naturaleza universal, que tiende al bien del universo. Se trata de una consecuencia de la voluntad divina de crear un mundo en estado de vía hacia su perfección última, que

---

62. *C. G.*, III, c. 7.

exige que se permitan algunos males sin los cuales no se darían bienes superiores.

Sin embargo, en el caso del hombre, nos encontramos ante un hecho paradójico; porque, a diferencia de las otras formas, que no sobrepasan la información de la materia, el alma es de suyo incorruptible. Y, puesto que pertenece a su naturaleza informar la materia, la corrupción del cuerpo que informa la deja en un estado antinatural. Además, el hombre es un ser intelectual, y por tanto no puede ser concebido como un medio para otra cosa, sino que, por decirlo con Kant, tiene razón de fin en sí mismo.

Nos encontramos aquí ante la tensión ontológica que funda el horror que provoca la conciencia de ser mortales. Con la muerte se pierde la vida que es para nosotros natural. Por eso se puede decir que con ella perdemos la vida. Si sólo sobrevive una parte, no sobrevive lo que la persona es, aunque el ser personal no sucumba totalmente con la muerte.

7. La consideración natural de la muerte: ¿medio u obstáculo para el conocimiento de Dios?

Llegados a este punto, nos encontramos con que la explicación ontológica de la muerte no sólo no resuelve el problema existencial que esta plantea, sino que parece incluso desplazarlo al orden metafísico. Hasta este momento la fe no ha entrado temáticamente en escena para iluminar el misterio de la muerte humana. Pero el intento de Tomás de Aquino no ha dejado en ningún momento de ser teológico. La fe no ha forzado a la razón para dar una respuesta. Y esto es así porque este autor es consciente de que la fe no destruye la inteligencia, sino que la perfecciona y eleva. Y si esto es así, la luz que proyecta no puede convertir en falso lo que ésta descubre, sino que debe englobarlo en una iluminación mayor, que, sin suprimir el mal, descubra el marco de sentido en que se inserta.

La primera aportación de la fe respecto al problema de la muerte no es otra que fortalecer la inteligencia humana para reconocer la verdad tal como es, sin buscar expedientes fáciles para explicar lo que no puede ser explicado. Porque lo peculiar del problema de la muerte es que ante ella la razón debe declarar en cierta medida su impotencia.

Pero lo que ahora nos interesa considerar es si, a pesar de todo, aun en este marco limitado en que nos movemos, es posible todavía mantener la existencia de Dios, o si el problema de la muerte no borra más bien sus huellas. Aunque Santo Tomás no se planteó de este modo esta pregunta, tal vez sea posible esbozar una respuesta partiendo de sus principios.

Para Santo Tomás la inteligencia humana es capaz de reconocer la existencia de Dios, y también demostrar que ese Dios es bueno. Pero conviene distinguir entre lo que el hombre puede saber teóricamente y el hecho de que poder ejercer ese conocimiento comporta una cierta actitud moral. Dicho de otro modo, conocer a Dios, también naturalmente está sujeto a la actitud que tomamos ante El.

Por eso, ante la experiencia de la propia limitación y lo que contraría, puede alzarse, en razón de nuestra debilidad, no sólo intelectual, sino también moral, la tentación de no reconocer a Dios y su acción en el mundo. Para Tomás de Aquino este peligro se encuentra unido a la actitud idólatra[63].

---

63. A propósito de los gentiles, hace el siguiente comentario a las palabras de San Pablo: "Conocieron a Dios de dos modos. En primer lugar, como supereminente, y así le debían la gloria y el honor que se debe a los superexcelentes. Se dicen, por tanto, inexcusables porque, habiendo conocido a Dios, no lo glorificaron como Dios, bien porque no le tributaron el culto que le debían, bien porque pusieron límites a su poder y ciencia sustrayendo algo de su potencia y

Lo que la inteligencia debería reconocer, porque le es accesible, no es de hecho reconocido porque el hombre renuncia. El resultado es la dispersión de este, que se acaba sometiendo a principios diversos. Aparece entonces la tentación del politeísmo. Y es que, cuando hemos renunciado a explicar la realidad desde un único principio personal, como exige nuestra inteligencia, nuestra incapacidad se traduce normalmente en la despersonalización de la realidad suprema, que se suele identificar con el universo, mientras que la personalidad de Dios se atribuye a divinidades que dependen de aquél.

El riesgo de esta tentación es máximo respecto del mal, porque al toparnos con él chocamos con algo que de suyo es oscuro y cuya existencia puede presentarse como contradictoria con la de un principio, al mismo tiempo, absoluto y providente. Las soluciones aparentes a este problema son múltiples. Se puede negar la omnipotencia de Dios, para evitar hacerle responsable del mal; se puede también reconocer su trascendencia, negando su providencia; se puede, sin más, permanecer en la órbita de los pequeños intereses humanos absolutizados; etc. Pero todas ellas son actitudes que derivan del pecado. Se trata de diversos modos de encarnar la *aversio a Deo* con la consiguiente *conversio ad creaturas*. Y la prueba de que estas actitudes no son suficientes es que no permiten al hombre desplegarse plenamente, sino que se instauran sin resolver su situación indigente y a costa de consagrar su insatisfacción. El hombre acaba así proyectando sobre el mundo su propia impotencia; la que deriva de haber separado su inteligencia del origen de todo ser y de la fuente de todo sentido.

Por eso, el problema del hombre ante la muerte no es tan sólo de naturaleza intelectual. Es preciso no limitar la excelencia de

ciencia, contra lo que dice el Eclesiástico, 43, v. 37: Glorificad a Dios cuanto podáis". *Ad Rom.* 1, 21 (127).

Dios intelectualmente, por un lado, y, al mismo tiempo, no negarle la gloria que le es debida. El mismo reconocimiento intelectual de la sobreexcelencia divina debe ser visto como un modo de dar gloria.

Teniendo esto en cuenta podemos pasar a examinar algunas posibles actitudes posibles ante el problema de la muerte, que dependerán no sólo de la solución intelectual explícita que demos a la muerte y del sentido que le otorguemos en consecuencia, sino también de una actitud que, abarcando aquélla, se extiende a la práctica, y que estriba en mantenerse o no en el reconocimiento de la propia dependencia de Dios y en la afirmación de la incondicionalidad de sus atributos.

Una posibilidad es la de apartar la vista de la muerte. Ésta no es una actitud inocente. Se trata ya de una consecuencia de la debilidad humana. En palabras de Pascal: "Los hombres, al no haber podido remediar la muerte, la miseria, la ignorancia, se han puesto de acuerdo, para ser felices, en no pensar en ellos"[64]. Pero en este caso, el mal que no es directamente afrontado se comunica a la existencia como un desasosiego, un malestar difuso que la torna estólida. Se trata de lo contrario de una existencia auténtica.

En este caso nos hallamos ante una solución práctica, que puede convivir con la adopción de conductas culturales diversas ante la muerte ajena o propia, y que va desde el ocultamiento, que según muchos autores caracteriza al mundo occidental contemporáneo, al intento de conjurarla con diversas actitudes rituales o sociales que no consideran —es más, que pueden ocultar— su índole personal y radical.

También es posible encararla intelectualmente. Y en este caso caben actitudes diversas.

---

64. *Pensamientos*, Alianza, Madrid, 1986, nº 133, p. 56.

Es posible, en primer lugar, eliminar en el orden intelectual cualquier relieve al problema. Esto es posible cuando el hombre que piensa adopta explícita o implícitamente un punto de vista impersonal y pretendidamente absoluto, capaz de considerar el mal, también el propio, como una apariencia que se disuelve en la totalidad de lo real. Pero este intento revela tarde o temprano su inconsistencia, pues exige pasar por alto el valor absoluto de la persona que conoce.

También se puede eliminar el aguijón de la muerte desde una consideración unilateral de la realidad del hombre. Es lo que ocurre en la filosofía platónica. Partiendo del descubrimiento de la presencia de una realidad inmortal en el hombre, se pasa a identificarlo con ella. El resultado es que las otras instancias humanas se convierten en un añadido y se hace imposible explicar su presencia sin recurrir al mito, es decir, a una instancia no intelectual e *inferior* a lo intelectual. De este modo, la mente humana debe reconocer su fracaso para comprender al hombre como una realidad unitaria.

Otro modo de actuar ante la muerte es el que indica la filosofía existencial. Para Heidegger, la muerte es algo que pertenece intrínsecamente a la vida como la posibilidad más radical del existente. Pero si se trata de una posibilidad, lo más coherente es asumirla como propia. En este caso estamos ante un modo de apoderarse de la muerte.

Cabe preguntarse si la muerte puede ser asumida totalmente de este modo. Pero, ante todo, desde el punto de vista que estamos adoptando, convertir a la muerte en algo puramente inmanente parece más bien una renuncia a remitirla a la trascendencia. La violencia que indudablemente hay que vencer para poner en práctica la indicación de Heidegger parece una prueba en contra de su tesis. Otra es comprobar nuevamente que la actitud que se nos pide tomar no conduce a exaltar la existencia humana, sino que la encierra dentro de los límites de una insuperable finitud. En este horizonte Dios ya no aparece ni teórica ni prácticamente porque nos hemos negado a glorificarlo sin límite. La vida humana, estrechada dentro de sí misma, pierde incluso su interés inmanente, porque éste ya no remite a nada superior a sí.

La crítica de Sartre delinea otra actitud existencial posible. Se trata de considerar la muerte como algo que está fuera de la vida. En este caso, no se nos exige un esfuerzo para asumir la finitud, pero el resultado es igualmente desolador. Afirmar que la muerte sobreviene a la vida y la anula equivale a decir que esta última está a expensas de aquélla. Desde esta perspectiva, la vida es finita precisamente porque la muerte no remite a nada. De nuevo nos encontramos con una renuncia a remitir la existencia humana a un horizonte trascendente.

Hay algunos rasgos comunes a todas estas posturas. Por un lado, todas ellas comportan un recorte en la exaltación de Dios. Sus atributos y su amor por los hombres o no aparecen en toda su plenitud o son recortados para impedir que se vea afectado por las deficiencias de la realidad. En realidad, la primera característica que se pierde de vista de Dios en el pensamiento filosófico es su condición de Creador. Y esto con todas sus consecuencias. Por una parte, en algunas ocasiones, se pierde su trascendencia. Pero sobre todo se pierde la absoluta dependencia de todo lo que no es Dios respecto de Aquél. Y, correlativamente, desaparece la obligación de glorificarlo. Pues "la razón natural dicta al hombre que se someta a alguien superior en virtud de los defectos que nota en sí mismo, en los cuales necesita ser ayudado y dirigido. Y, sea cual sea, esto es lo que todos llamamos Dios"[65]. Tomás de Aquino nos muestra el movimiento natural del hombre en que se funda la religión. El hombre tiende a reconocer a Dios en la medida en que

---

65. *S. Th.*, II-II, q. 85, a. 1, co. No deja de llamar la atención la semejanza de esta última fórmula con el fin de sus cinco pruebas de la existencia de Dios.

reconoce sus deficiencias. Pero si emprendemos esta dirección, el reconocimiento de nuestros defectos naturales no se convierte en un obstáculo, sino en un camino hacia el Absoluto. Y el Absoluto que se dibuje ante nuestros ojos será mayor en la medida en que sea capaz de subsanar defectos mayores.

Lo que ocurre es que entre los defectos naturales no todos son del mismo tipo. Hay alguno que son sumos porque son absolutamente radicales. El más claro de ellos es que nuestro ser no da razón de sí mismo. El reconocimiento de este «defecto» lleva a descubrir a Dios como quien nos mantiene en el ser. Pero este «defecto» es ambivalente puesto que es precisamente la razón de que nosotros existamos. Eliminarlo es eliminarnos a nosotros mismos. Por eso, en este orden de cosas, admitirlo no es aceptar una limitación que nos venga impuesta externamente, sino el reconocimiento de que somos en la medida en que dependemos. Nadie en su sano juicio querría prescindir de este defecto, ni aun en el colmo de la maldad. Por eso, la criatura intelectual, que es capaz de reconocer esta dependencia, es así naturalmente llevada a amar a Dios por encima de sí mismo[66].

Pero hay otros defectos que los sentimos como privación de algo a lo que tendemos. Es en este caso cuando nos encontramos ante la experiencia del mal. Y la muerte es uno de ellos. Por eso, la muerte tiene carácter de prueba en este nivel natural de consideración y exige que el hombre se mantenga en el reconocimiento de Dios.

---

66. Tomás de Aquino sostiene que la criatura intelectual ama naturalmente a Dios más que a sí mismo: "Si no fuera así, si naturalmente se amara a sí misma más que a Dios, se seguiría que la dilección natural sería perversa, y que no sería perfeccionada, sino destruida, por la caridad". Por eso considera imposible que el pecado diabólico consista en no querer someterse a Dios *simpliciter*, "pues en ese caso también apetecería su no ser, ya que ninguna criatura puede existir sino porque participa del ser bajo Dios". *S. Th.*, I, q. 63, a. 3, co.

Y es ante este tipo de negatividad donde el hombre se ve obligado a responder sin abdicar de su condición. "El mal es falta de inspiración. El mal no es creado, sino falta de coraje. El acto malo es signo de libertad; pero la libertad en el acto malo no añade nada, sino que sucumbe en él. El mal no inspira, no es generativo. La señal de la verdad es la alegría. Toda visión pesimista, preocupada, procede de que lo abierto ante la mirada se ha oscurecido"[67].

Por esta razón, lo que se desprende de nuestro reconocimiento de la muerte como un mal y de darnos cuenta de que la superación de este mal no está en nuestro poder sólo admite una actitud coherente: la del abandono en Dios. Aunque Dios permita mi muerte, no por eso debo renunciar a encontrarle un sentido. Pero éste sólo aparecerá si me mantengo en el marco adecuado, aunque comporte un esfuerzo. El esfuerzo que ahora se exige no está dirigido a recortar las aspiraciones humanas ni conduce a resignarse a convivir con la angustia o la náusea que provoca nuestra irremediable finitud, sino que despierta de un modo nuevo la actitud de la esperanza en Aquel de quien el hombre depende.

El hombre reflexiona sobre el problema de la muerte, cualquiera que sea el modo en que se le presente, porque lo que aparentemente no tiene sentido debería tenerlo. Sólo al llegar a este punto el problema intelectual de la muerte se convierte en un problema personal. Y sólo si la respuesta es insatisfactoria o parece no existir surge la tentación de acusar a Dios, recortarle sus atributos o intentar desesperadamente descubrir un sentido a este hecho oscuro sin recurrir a la trascendencia. Pero la misma exigencia de sentido que lleva a plantear el problema en estos términos comporta que la única solución verdadera es no sucumbir a la tentación, sino esperar a que nos venga de fuera, más bien de arriba, de lo que nos

---

67. Polo, L., *La persona humana y su crecimiento*, EUNSA, Pamplona, 1996, p. 205.

sostiene en el ser y que en el fondo es la instancia a quien compete la respuesta.

Por otra parte, esta actitud abre al hombre a un diálogo nuevo. Pues, si la inteligencia humana con sus propios recursos reconoce no poder resolver el problema, el hombre debe adoptar una actitud libre ante el autor de su naturaleza. Y esa actitud es inseparablemente la esperanza de obtener una respuesta comprensible.

De este modo, la muerte, dependiendo de la actitud humana que se adopte ante su enigma, resulta una invitación a abrirse a una novedad por parte de Dios o, en la medida en que el hombre se deje afectar por el mal, en una incitación al alejamiento o la rebelión en cualquiera de sus grados. En cualquier caso, la actitud negativa siempre está marcada por la tristeza, mientras que la positiva no renuncia a la alegría.

Hasta ahora hemos puesto de relieve la importancia de la actitud personal que adopta el hombre a la hora de encarar la muerte. Sin embargo, también cabe preguntarse de otro modo. Podemos admitir la posibilidad de que la muerte tenga un sentido, pero ¿quién es capaz con sus fuerzas de adoptar una actitud así sin que de un modo u otro acabe sucumbiendo total o parcialmente sea en la teoría o sea en la conducta? ¿Es el hombre capaz de esperar contra toda esperanza?

La revelación veterotestamentaria ha planteado este problema a propósito del dolor de Job. En el dolor nos encontramos de nuevo ante una negatividad que no encuentra sentido. Y esto ocurre especialmente, como en el caso de este personaje, cuando se trata del dolor del inocente e incluso del que procura con sinceridad glorificar a Dios.

A este respecto Polo señala que el "más claro rasgo de la vida israelita es la posibilidad de apertura a una profunda exultación. No cabe definirla por entero, pero sí, al menos, encuadrarla en dos coordenadas. La primera, que se trata de un gozo que embarga al hombre por entero, es decir, que se funda en la fe, es decir, en la sustitución de todo criterio o centro de referencia contingente por el Absoluto. Por eso, cuando el dolor aparece, y muestra la verdadera condición del hombre, su pequeñez, su fragilidad e inseguridad, tal descubrimiento no se condensa en un juicio definitivo, no funda una conclusión pesimista como último resultado y sentido definitivo de la existencia, sino que sobre ella sobrenada, sin ser afectado en lo más mínimo, el único criterio válido en último término, es decir, Dios mismo"[68].

Esta es justamente la dirección que señala la revelación. La primera de las exigencias morales ante la negatividad que el hombre experimenta es no pretender encontrar una explicación desde sí mismo, y, al mismo tiempo, evitar cualquier tentación de acusar a Dios por su causa. Por el contrario, no adoptar esta actitud es la renuncia a cualquier explicación plausible, porque significa que nos hemos separado del principio de toda inteligibilidad y de todo sentido. Así, si somos capaces de resistir la prueba, el enigma mismo que se presenta ante nuestros ojos nos relanza de un modo nuevo hacia el Absoluto.

8. Un intento racional de explicar la muerte

Pero, partiendo de esta actitud, la mente humana todavía puede intentar explicar un poco mejor por qué existe la muerte, aunque no pueda llegar a una respuesta totalmente satisfactoria. Esta respuesta, aunque sea parcial, nos servirá como fundamento de las etapas posteriores de este estudio.

Como hemos visto, para Tomás de Aquino, la muerte es natural respecto del cuerpo, pero no respecto del alma. La primera

---

68. *Op. cit.*, p. 223.

cuestión que se plantea es si la presencia de la muerte y, por tanto, de una tal tensión en una criatura no comporta una naturaleza corrompida.

Pues, efectivamente, la tensión que hemos descrito puede aparecer a simple vista como una incongruencia que sólo sería explicable por una alteración sobreañadida. Pero, puesto que la naturaleza depende del fin, si ésta estuviera inevitablemente corrompida deberíamos concluir que el fin a que estaba ordenada ha desaparecido totalmente.

Para responder a esta pregunta de un modo acabado debemos esperar a considerar otros aspectos del problema en cuestión. Sin embargo, lo que ahora nos interesa es señalar que, para nuestro autor, la existencia de la muerte no implica corrupción en la naturaleza.

La existencia de una naturaleza corrompida es contradictoria. Y la razón estriba en que la naturaleza, como hemos visto, es lo que en la criatura corresponde a la obra divina. Por eso, el mal sólo puede corromper la naturaleza destruyendo el ser a que pertenece: una naturaleza corrompida es una naturaleza destruida. Esto, sin embargo, sólo ocurre en el ámbito de los seres materiales, es decir, en el de la generación y la corrupción.

El hombre, en cambio, es un ser especial desde este punto de vista, pues se encuentra en parte en el ámbito de la generación y la corrupción, y, por otra, es espiritual y directamente creado por Dios. Se trata de un entrelazamiento de dependencias que, si bien en último extremo remiten ambas a Dios, explican la posibilidad de la tensión a que nos hemos referido. El hombre, por tanto, depende de Dios, en parte, a través del universo, y, en parte, directamente.

Esta intervención de las causas segundas es precisamente la que explica la muerte, sin necesidad de atribuirla a una deformidad creatural. El cuerpo que corresponde a nuestra alma es, en este sentido, mortal por una necesidad natural. Tomás de Aquino la explica diciendo que el cuerpo adecuado a una forma intelectual es un cuerpo capaz de sentir, y esto exige una determinada complexión que lo hace susceptible de disgregación. Ocurre como con quien, al hacer una sierra, escoge el hierro por sus cualidades, si bien, a causa de esta elección, la sierra podrá oxidarse. De ahí que –afirma–, si hubiera una materia que permitiera la sensibilidad, y, al tiempo, fuera incorruptible, esa sería la adecuada al cuerpo humano[69].

Pero ¿podría Dios haber creado un universo en que ambas propiedades no fueran incompatibles? En mi opinión, la respuesta es que la razón de esta incompatibilidad se debe en último extremo a la providencia de Dios que ha creado un mundo adecuado al hombre. En efecto, aun manteniendo la cosmología medieval que utiliza Santo Tomás, para la cual existen seres materiales incorruptibles, no sólo cabe afirmar, como hace este autor, que no conviene al hombre un cuerpo con la materia de los astros, porque no sería sensible; también cabe decir que si el universo no estuviera sujeto a la generación y a la corrupción no sería transformable por el hombre y, por tanto, no lo podría perfeccionar, con lo que quedarían sin sentido muchas de las posibilidades operativas por las que el hombre se asemeja a Dios. En otras palabras, un mundo en que cabe la corrupción es el adecuado para un ser que lo puede transformar; y, al mismo tiempo, sólo un cuerpo hecho de la misma materia permite vivir en contacto con ese mundo.

Se trata de un mundo en estado de vía adecuado a una criatura intelectual en estado de vía. Porque, en efecto, si continuamos manteniendo la providencia de Dios respecto de su criatura, a pesar de las apariencias, debemos decir que la actual condición del mundo y de nosotros mismos no puede ser definitiva. La misma

---

69. Cfr. *S. Th.*, II-II, q. 164, a. 1.

muerte señala drásticamente la imposibilidad de que el hombre alcance en las condiciones actuales su fin último, el que le corresponde como ser intelectual.

Hasta tal punto esto aparece con claridad a la razón que Santo Tomás no duda en afirmar que el estado innatural para el alma de la separación respecto del cuerpo no puede ser permanente y que debe haber una resurrección[70]. Y en este caso se trata de una necesidad puesto que nada innatural puede ser perpetuo.

Pero, lo que hemos dicho sigue dejando pendiente la respuesta definitiva al sufrimiento que comporta la muerte y las otras penalidades de la existencia humana. ¿Cuál es su sentido? Podemos concluir con estas palabras de Tomás de Aquino, que nos abren paso a las consideraciones que van a seguir: "estos defectos, aunque en absoluto, considerando la naturaleza humana en cuanto a lo que es inferior en ella, parezcan naturales al hombre, sin embargo, considerando la divina providencia y la dignidad de la parte superior de la naturaleza humana, se puede demostrar con bastante probabilidad que se trata de defectos penales; y de este modo se puede colegir que el género humano está infectado originalmente por algún pecado"[71].

70. Cfr. *C. G.*, IV, c. 79.
71. *C. G.*, IV, c. 52.

II

La muerte como pena del pecado

"Propter delicta nostra"
"Por nuestros pecados"
(*Rom* 4, 25; *S. Th.*, III, q. 50, a. 6, co.)

1. Los *estados* de la naturaleza humana

Según lo expuesto, el carácter problemático de nuestro cuerpo, sometido a la corruptibilidad, se explica en virtud de la condición humana. Para que el mundo pueda ser conocido sensiblemente y transformado por el ser humano debe estar sujeto a la caducidad, es decir, a la generación y la corrupción. Y para poder a su vez conocerlo y transformarlo debemos formar parte de aquél. Por eso el alma humana organiza una materia que de suyo es corruptible.

Esto explica que la caducidad del compuesto humano no manifieste una naturaleza corrompida. Poder morir es evidentemente un defecto, pero cuya posibilidad deriva ante todo de lo que el hombre es. La composición de una forma espiritual con la materia de un mundo como el que vivimos se puede deshacer, porque la materia puede indisponerse de tal modo que no pueda ser ya animada.

Además, esta corrupción no sólo puede darse por causas violentas. De hecho, el universo comporta un ritmo de las generaciones y corrupciones. Esto es así de un modo especial entre los seres vivientes. En ellos el proceso de la generación acaba en el viviente maduro, el cual, una vez llegado a ese estado, comienza a envejecer. Por eso, la estrategia de conservación de las formas materiales no se dirige a conservar los individuos, sino a la conservación de la forma misma. Y el medio por el que esto se lleva a cabo es la generación de nuevos vivientes por parte de seres de la misma especie.

Para Tomás de Aquino la generación es la operación superior de los seres vivientes vegetales. Y, como hemos visto, todos los vivientes materiales, incluidos los animales con sensibilidad, orientan su actividad vital a esa conservación. Una de las formas de este proceso, en concreto la de los seres superiores, es la generación sexual.

La condición animal del hombre permite que tome parte en estos procesos. Es interesante considerar que la generación animal tiende de suyo a la conservación de la especie, de la forma, como diría Santo Tomás, mientras que la forma por la que el hombre es un ser vivo no necesita ser conservada por multiplicación de individuos. No obstante, se puede decir que, debido a que también el hombre es mortal y su naturaleza no pervive, la generación sirve para perpetuar en este mundo la naturaleza humana.

Pero estas consideraciones no eliminan un problema. El cuerpo humano, por formar parte de un ser espiritual, debería ser la parte más digna del mundo material. Por eso parece incoherente que se encuentre sujeto a ella. El hombre está en el universo como un viviente más entre los vivientes materiales, sin que su dignidad suponga un influjo perceptible en su posición en él.

Como se puede ver, ésta es una dificultad que se añade a la que considerábamos en el capítulo anterior. Veíamos, en efecto, que la corruptibilidad del cuerpo humano supone una incoherencia con la espiritualidad de su principio vital y que, cuando esta posibilidad se convierte en un hecho, sitúa lo que queda del hombre en una situación innatural. Ahora, en cambio, se trata de encontrar el sentido de nuestra sujeción a los elementos materiales. ¿Por qué el espíritu se encuentra sometido a unas leyes que no reconocen la dignidad de su dimensión sensible?

La dificultad se agrava si tenemos en cuenta que hay en nosotros una resistencia a aceptar nuestros defectos naturales. Pues, de acuerdo con el pensamiento del Aquinate, en esto aparece ya un indicio de algo sobrevenido a la naturaleza. La repugnancia y dificultad de comprensión de los defectos naturales comporta un cierto desorden en el querer, ya que en el ámbito de lo voluntario sólo hay dos tipos de males: el mal de culpa y el mal de pena.

> "El mal (...) es privación de un bien, que consiste principal y esencialmente en la perfección y el acto. Pero el acto es de dos tipos: el acto primero y el segundo. El acto primero es la forma y la integridad de una cosa, y el acto segundo es la operación. Por eso el mal puede ser de dos tipos: o por sustracción de la forma o de alguna parte que se requiere a la integridad de una cosa, como la ceguera es un mal; o por substracción de la operación debida, bien porque no se dé en absoluto, o bien porque no tiene el debido modo y orden"[1].

Esto, que es así en todos los seres, ocurre de un modo peculiar cuando nos referimos a la voluntad.

> "Puesto que el bien en cuanto tal es el objeto de la voluntad, el mal, que es privación de bien, se encuentra en las criaturas racionales, que tienen voluntad, según una razón especial. Así pues, el mal que se da por la substracción de la forma o de la integridad de la cosa tiene razón de pena; y, especialmente, supuesto que todo esté sujeto a la providencia divina y a su justicia (...); pues pertenece a la razón de pena que sea contraria a la voluntad. En cambio, el mal que consiste en la substracción de la debida operación en las cosas voluntarias tiene razón de culpa. Pues a uno se le imputa algo como culpa cuando no lleva a cabo una acción perfecta, de la que

---

1. *S. Th.*, I, q. 48, a. 5 co.

es dueño según la voluntad. Así pues, todo mal en el dominio de lo voluntario o es de pena o de culpa"[2].

Ahora bien, ningún defecto natural puede ser contrario a la voluntad si ésta es recta. Por eso la dificultad para aceptar como defecto natural la muerte, como otros muchos de los defectos que corresponden a nuestra condición, es indicio de que el mal que padecemos es contrario a la inclinación natural de nuestra voluntad. Por supuesto, este razonamiento, que reduce todo mal que afecta a la voluntad a mal de culpa y mal de pena, se funda en que, como se afirma explícitamente, todo está sujeto a la voluntad divina. Puesto que Dios no puede querer el mal para sus criaturas, la contrariedad que sentimos ante el mal sólo puede deberse a dos motivos. La primera posibilidad es que nuestra voluntad no sea buena, ya que no querer aceptar los límites de nuestra naturaleza comporta una rebelión contra su autor. La segunda es que nuestros defectos, aparentemente naturales, sean en realidad una pena, lo que explicaría nuestra resistencia a aceptarlos. En este segundo caso, nuestra repugnancia ante ellos ya no sería un acto de rebelión, sino una afirmación de nuestra naturaleza ante un mal sobrevenido.

La comprobación de que la repugnancia de nuestra voluntad ante la muerte y otros defectos pertenece a todos los hombres, y no sólo a los malos, es la que nos orienta con más claridad hacia el origen penal de nuestros males. De ser así, nuestra inclinación natural se refiere a ellos como un obstáculo y esto es bueno, ya que pertenece a la razón de pena que sea contraria a la voluntad.

Santo Tomás acepta teóricamente la posibilidad de que Dios hubiera creado seres racionales en que la muerte fuera tan sólo un

2. *Ibidem.*

defecto natural[3]. En ese caso la muerte sería evidentemente un mal, como ya hemos dicho, aunque el estado de separación del alma que produce no podría ser perpetuo, pero lo que no parece aceptable es que esa condición fuera experimentada a nivel racional como dolor. "Ya que el dolor, en cuanto que significa el simple acto de la voluntad, no es otra cosa que la resistencia u oposición de la voluntad a aquello que es o que no es"[4]. Por tanto, parece que en ese caso el mal quedaría confinado en la naturaleza sensible, y no podría provocar ninguna contradicción o dolor en el nivel espiritual, pues la tendencia natural llevaría a contar con él como con algo que corresponde a los planes de Dios.

De todos modos, con esto no se acaban de solucionar todos los problemas que comporta la mortalidad de una criatura espiritual, en la que, recordemos, también las potencias sensibles proceden de la esencia de su alma. Lo que parece quedar claro es que la mortalidad no puede ser un estado permanente, como se desprende de esta afirmación: "La perfección de la criatura no se da inmediatamente en sus principios, que son imperfectos, como es claro en la materia y la forma, ninguno de los cuales tiene por sí mismo el ser perfecto; sino en la unión de la criatura con su fin"[5]. La posibilidad de morir de un ser espiritual sólo puede aceptarse en el estado de vía, y esto implica que la unión definitiva con el fin —sea

---

3. "Pues podía desde el principio cuando creó al hombre formar otro hombre del barro de la tierra, que quedara en la condición de su naturaleza, es decir, que fuera mortal y pasible, y sintiera la lucha de la concupiscencia con la razón; en el que nada se derogara de la naturaleza humana, ya que esto sigue de los principios de la naturaleza. Pero este defecto no hubiera tenido en él razón de culpa y pena, pues este defecto no hubiera sido causado mediante la voluntad". *In II Sent.*, d. 31, q. 1, a. 2, ad 3.

4. *S. Th.*, I, q. 64, a. 3, co. Este artículo se refiere al dolor de los ángeles condenados. Se refiere, por tanto, a un dolor puramente espiritual.

5. *In I Sent.*, d. 3, q. 2, a. 2, co.

del modo que sea, natural o sobrenatural– elimina en el sujeto la mortalidad.

De esto se desprende que una misma naturaleza puede encontrarse en diversos estados sin dejar por eso de ser la que es. Pero antes de volver sobre este tema, parece conveniente plantear la solución que ofrece Tomás de Aquino, de acuerdo con la enseñanza cristiana.

2. El estado original del hombre

Efectivamente, la respuesta cristiana es que "Dios no hizo la muerte"[6], sino que "por el pecado entró la muerte en el mundo"[7]. El estado actual del hombre no es originario, sino que se encuentra marcado por la culpa, y, en consecuencia, por la pena. Si esto es así, los defectos que en nosotros experimentamos como difícilmente aceptables remiten a un estado previo de nuestra naturaleza en que no existían.

Entender esto, como hemos visto, supone distinguir la naturaleza humana de los diversos estados en que puede encontrarse. La naturaleza, como hemos visto, no es otra cosa que la realidad irreductible de algo, en cuanto principio de actividad. En el caso del hombre, la naturaleza es la unión de un alma espiritual con un cuerpo que necesita para llevar a cabo su actividad más propia, entender[8], y que tiene unas determinadas características.

Las características biológicas del cuerpo humano deben tenerse en cuenta a la hora de determinar en qué consiste la naturaleza humana, puesto que ésta no es sólo una realidad puramente for-

---

6. *Sab* 1, 13.
7. Cfr. *Rom* 5, 12.
8. "La operación propia del ser humano es entender". *C. G.*, II, c. 77.

mal –como los ángeles–, sino también biológica. La pertenencia a
dicha naturaleza, al igual que ocurre en los otros seres animados,
comporta la posibilidad de transmisión por generación; y, además,
la disposición del cuerpo humano, como la de todos los seres corpóreos materiales, depende del universo en que se inscribe. Por
eso, para ser hombre no basta ser un espíritu corpóreo, sino que
hay que tener un cuerpo determinado.

El fin de cada naturaleza es desempeñar su actividad: "Toda
sustancia es por su operación" (*omnis substantia est propter suam
operationem*)[9]. En el caso de los seres materiales, el ejercicio de
esa actividad dimana naturalmente de lo que son, y depende tan
sólo de las condiciones que le imponga su situación en el universo,
pues toda su realidad está sumergida en él. Extraer una realidad
meramente corpórea del universo es aniquilarla, pues no puede
ser en modo alguno sin la materia y sin las otras realidades que
interactúan con ella. No obstante, la naturaleza de cada realidad
comporta una medida de lo que es o no adecuado para ella. Esta
puede verse impedida en su desarrollo perfecto, o incluso corrom-
perse, de acuerdo con el ritmo del universo.

Pero el caso del hombre es especial. Aun compartiendo su dimensión material con el resto de los cuerpos, su actividad más
propia, a la que todas las demás se subordinan y cooperan, es espiritual. En virtud de ella, el fin del hombre no se inscribe en el
orden del universo material. Esta es, por ejemplo, la condición de
posibilidad de la técnica y la cultura. El hombre puede completar
su cuerpo y el mundo en orden a su fin intelectual y con medios
intelectuales; el mundo humano se rige también por las leyes que
introduce la razón humana.

El fin de toda criatura intelectual no puede ser otro que Dios.
Ésta se asemeja a aquel, en primer lugar, conociéndole en la me-

---

9. *C.G.*, I, c. 45.

dida de sus posibilidades, y, en consecuencia, desplegando todas sus capacidades de acuerdo con ese conocimiento. Pero la indeterminación que comporta una naturaleza intelectual permite que pueda ser destinada por Dios a un fin que no se puede alcanzar sin su ayuda.

> "El hombre se diferencia de los otros animales en cuanto a su virtud y a su potencia motiva en dos cosas. En primer lugar, en cuanto a la volición y el deseo; pues lo que en otros animales está determinado por la naturaleza, en el hombre no. En segundo lugar, en cuanto a la realización de lo querido o deseado; ya que los otros animales tienen determinadas vías e instrumentos con los que alcanzan sus deseos. Por lo tanto, la razón humana le auxilia en los dos aspectos, porque inquiere y determina el bien *propio y determinado* que conviene desear, y determina los instrumentos para realizar lo deseado"[10].

Santo Tomás califica este fin como la visión de la esencia de Dios, es decir, el conocimiento de su intimidad, que ninguna criatura puede gozar sin que la naturaleza sea elevada por la gracia a una mayor dignidad. La gracia es una participación de la naturaleza divina por parte de una criatura, y por eso supone la naturaleza: se trata de la inserción de un ser creado en la vida divina.

La elevación al orden de la gracia comporta en el orden operativo la ampliación de las posibilidades de la criatura, que ahora se hace positivamente capaz de Dios, de un modo efectivo. Con ello la naturaleza de la criatura no es en nada alterada. Sin embargo, precisamente porque ahora tiene la posibilidad de llegar más lejos, su inclinación natural, que se dirige por institución divina hacia todo el bien que sea capaz de alcanzar, se continúa hasta el fin sobrenatural. Por eso, se puede hablar en el hombre, como hace

10. *In IV Sent.*, d. 15, q. 4, a. 1, qc. 1, co.

Santo Tomás, de un deseo natural de ver a Dios (*desiderium natu-rale videndi Deum*)[11].

Sólo porque, en virtud de la elevación sobrenatural, el hombre es capaz de alcanzar un fin que de suyo no le es debido, su pérdida podría suponer para él un dolor.

> "Carecer de aquello que alguien quiere tener no puede ocurrir sin aflicción (...) Aunque la voluntad sea de los posibles y de los imposibles, como se dice en el tercer libro de la Ética, la voluntad *ordenada y completa* no es sino de aquellas cosas a las que de algún modo uno ha sido ordenado. Y si los hombres no cumplen esa voluntad, se duelen. Pero no si no cumplen aquella voluntad que es de cosas imposibles, que más debe llamarse veleidad que voluntad, pues no se quiere aquello absolutamente, sino que se querría si fuera posible"[12].

Un ejemplo de esto es que a nadie le duele no ser rey o no poder volar, si no considera que le es debido de algún modo, como ocurre con el caso del príncipe a quien se impide acceder a la corona[13].

Teniendo en cuenta estos principios resulta más claro entender por qué la naturaleza humana no es transformada en algo distinto al ser elevada al orden de la gracia. La elevación, una vez llevada a cabo, comporta una expansión de la finalidad de la naturaleza,

---

11. Esta es, a mi modo de ver, la interpretación adecuada de la posición de Tomás de Aquino a propósito de esta debatida cuestión, recientemente un poco olvidada, y en cuya discusión no puedo entrar aquí. Cfr. DE LUBAC, H., *Surnaturel. Études historiques*, Aubier, Paris, 1946; ALFARO, J., *Lo natural y lo sobrenatural. Estudio histórico desde Santo Tomás de Aquino hasta Cayetano*, Madrid, 1952; NICOLAS, J. H., *Les profondeurs de la grâce*, Beauchesne, Paris, 1969; LAPORTA, J., *La destinée de la nature humaine selon Saint Thomas d'Aquin*, Vrin, Paris, 1965.

12. *In II Sent.*, d. 33, q. 2, a. 2, ad 2.

13. Cfr. *Ibidem.*, ad 3; *S. Th.*, App., q. 2, a. 2, co.

y no la aparición de una nueva, pues el fin natural sólo puede ser uno en cada caso[14]. Y, aunque las fuerzas naturales sean incapaces de alcanzarlo, no por eso se conculca el principio "*natura non deficit in necessariis* (la naturaleza no falla en las cosas necesarias)", puesto que el fin sobrenatural del hombre puede ser fin solo porque es alcanzable:

> "Como la naturaleza no falla al hombre en las cosas necesarias, aunque no le haya dado como a los otros animales armas o pieles, ya que le ha dado la razón y las manos, con las cuales puede conseguir estas cosas; del mismo modo no falla al ser humano, aunque no le haya dado el principio para ser feliz. Pues le ha dado el libre albedrío, por el que *puede convertirse a Dios que le haga feliz*. Pues lo que podemos por nuestros amigos, lo podemos de algún modo por nosotros mismos"[15].

14. Esta explicación, de todos modos, puede sonar un poco insuficiente para expresar en qué consiste la elevación sobrenatural y la participación en la vida de la gracia. Pero esto se debe a que se centra en la naturaleza, cuando, en último extremo lo elevado es la persona, que no se identifica con ella. Evidentemente, puesto que la naturaleza dice esencialmente referencia al fin –pues es la esencia en cuanto principio de operaciones, y la operación es lo que une al fin–, el influjo sobrenatural se debe manifestar en ella ante todo como ampliación del fin. En cambio, la noción más fuerte de *recreación*, que es más adecuada para aludir a lo que ocurre, sólo se puede aplicar propiamente a la persona, pues la persona es el término último del acto creador, es decir, el acto de ser (*esse creatum*). Tomás de Aquino se centra ante todo en la elevación de la naturaleza, que, por otra parte, en el caso del hombre es muy importante, pues la persona humana entra en el orden sobrenatural, de algún modo, por medio de ella. En efecto, en el estado originario se recibía la gracia por recibir la naturaleza de Adán; en la economía de la Redención se recibe, en cambio, mediante los sacramentos, por los que entramos en comunión con la Humanidad de Cristo. Pero, en cualquier caso, es preciso mantener que la elevación no se refiere a la naturaleza transformándola en algo distinto.

15. *S. Th.*, I, q. 5, a. 5, ad 1. La cursiva es mía. Téngase en cuenta que aquí "convertirse" tiene tan sólo el sentido de dirigirse. Respecto a esta necesidad de

En su institución originaria, el hombre estaba orientado hacia este fin sobrenatural. De acuerdo con esa dignidad, era especialmente congruente que todo en él se encontrara sometido a
su razón del mismo modo que ésta se sometía a Dios. Tomás de
Aquino no habla de una naturaleza diversa de la actual, sino de
nuestra misma naturaleza, pero con sus deficiencias subsanadas en
orden al fin a que estaba destinada.

La razón de que la naturaleza humana gozara de algo que re-
basaba sus principios naturales se encuentra en que "las cosas que
están orientadas a un fin se producen de acuerdo con la razón
del fin, como es claro especialmente en las realidades artificiales.
Como el hombre había sido constituido en orden al fin de la bienaventuranza, que excede toda facultad de la naturaleza humana,
convino que en su misma institución se le otorgara algo que exce-
día la capacidad de los principios naturales"[16].

En consecuencia, "al estado de inocencia, en el que el hombre
era en cierto sentido bienaventurado, (...) algunas cosas le correspondían casi esencialmente (*quasi essentialiter*), como la inmortalidad, y la obediencia de las potencias inferiores a la razón, y
otras semejantes. Pero otras le pertenecían por razón de cierta
congruencia. A una vida inmortal y separada de toda inquietud
le correspondía un lugar muy bien dispuesto y lleno de delicias,
como es el paraíso terrenal"[17].

El hombre, en atención a su fin sobrenatural, no sólo disponía
de la gracia, sino también de otros dones que lo adecuaban a ese

ayuda exterior para acceder al fin Tomás de Aquino afirma: "es de condición
más noble la naturaleza que puede conseguir el bien perfecto, aunque precise
de auxilio exterior para conseguirlo, que la naturaleza que no puede conseguir
el bien perfecto, pero consigue un bien imperfecto, aunque para conseguirlo no
necesite de auxilio exterior" *S. Th.*, I-II, q. 5, a. 5, co.
16. *In II Sent.*, d. 19, q. 1, a. 2, co.
17. *In II Sent.*, d. 29, q. 1, a. 5, co.

fin. De este modo la naturaleza se encontraba en el estado que se llama de justicia original.

La justicia original estaba más en la esencia del alma que en las diversas potencias del hombre[18]. Además, puesto que el hombre sólo es bueno en sentido absoluto (*simpliciter*) si tiene buena voluntad[19], la justicia original se encuentra en primer lugar (*per prius*) en la voluntad, y después (*per posterius*) en las otras potencias.

Los dones concedidos a parte de la gracia están encaminados a enderezar toda la naturaleza humana hacia el fin, de tal manera que lo inferior no suponga ningún obstáculo para lo superior. En este sentido el don de inmortalidad no eliminaba la corruptibilidad del cuerpo, sino que permitía al alma preservarlo de la corrupción mientras se mantuviera sujeto a Dios. Por su parte, el don de impasibilidad consistía en que "podía evitar padecer, al igual que morir"[20], entendiendo la pasión no en general, pues su condición era mudable y poseía las pasiones que corresponden a nuestra naturaleza sensible y aún a la índole potencial de nuestra inteligencia, sino en sentido propio "según el cual se dice que padece lo que es removido de su disposición natural"[21]. Esto lo habría podido evitar "en parte en virtud de la propia razón, mediante la cual podía evitar lo nocivo; y en parte también en virtud de la providencia divina, que cuidaba de él de tal modo que no le ocurriera nada de improviso que le pudiera herir"[22].

Gracias a estos dones, toda la dimensión sensible del primer hombre era alejada de lo que pudiera dañarla. Como hemos visto, aunque no se trate de dones naturalmente debidos, sí son con-

---

18. Cfr. *S. Th.*, I-II, q. 83, a. 2, ad 2.
19. Cfr. *S. Th.*, I, q. 5, a. 4, ad 3.
20. *S. Th.*, I, q. 97, a. 2, co.
21. *Ibidem*.
22. *Ibidem*., ad 4.

gruentes con la dignidad de un ser espiritual, y especialmente si
está llamado a la unión con Dios. Por eso, hablando de la inmortalidad Santo Tomás afirma que este don fue concedido razona-
blemente. "Pues, como el alma racional excede la proporción de
la materia corporal, (...) fue conveniente que en el principio se le
otorgara una fuerza por la que pudiera conservar el cuerpo sobre
la naturaleza de la materia corporal"[23].

Hemos dicho que la justicia original tiene, como sede principal entre las potencias, la voluntad. Sin embargo, Tomás de Aquino, fiel a sus principios, y siguiendo el orden de las potencias, la
pone en conexión con la inteligencia. No puede ser de otro modo,
ya que "el alma tiene un fin principal, como es en el alma humana
el bien inteligible, y tiene otros fines ordenados a este último fin,
como lo sensible se ordena a lo inteligible"[24].

Adán no veía a Dios por esencia[25]. Pero su conocimiento de
Dios era superior al que ahora tenemos. No porque fuera de naturaleza diversa. Recuérdese que la condición originaria de la naturaleza es como la actual, pero con los defectos subsanados. Adán,
por ser el principio del género humano, y tener por tanto que
proveer a su educación y gobierno, tuvo además la ciencia infusa.
Ésta era además especialmente necesaria acerca de las realidades
sobrenaturales, que no pueden ser adquiridas de un modo natural,

---

23. *S. Th.*, I, q. 97, a. 2, co.

24. La continuación del texto habla de la unidad de las dimensiones humanas que considerábamos en el primer capítulo: "Y puesto que el alma se
ordena a sus objetos por medio de las potencias, se sigue que también la potencia sensitiva existe en el hombre por la intelectiva, y lo mismo se puede decir
de las otras. Así pues, según la razón de fin nace una potencia del alma de otra
por comparación a los objetos; por lo que distinguir las potencias del alma por
potencias y objetos no es contrario" *Q. D. De Anima*, a. 13, ad 7.

25. "Cuantos ven a Dios por esencia se establecen de tal modo en el amor
de Dios que no pueden pecar nunca. Puesto que Adán pecó, resulta manifiesto
que no veía a Dios por esencia" *S. Th.*, I, q. 94, a. 1, co.

y que debía transmitir a su descendencia[26]. Aunque se trataba de una ciencia infusa, "no era de diverso tipo que la nuestra: como tampoco los ojos que Cristo dio al ciego de nacimiento eran de otro tipo que los que la naturaleza produce"[27]. Pero la diferencia principal de la condición original del hombre respecto al conocimiento, que sí se habría transmitido a su descendencia, era la inmunidad de error.

> "Es manifiesto que, como la verdad es el bien del intelecto, así la falsedad es su mal (...). De modo que no es posible que, mientras permaneciera la inocencia, el intelecto del hombre aceptara algo falso como verdadero. Como en los miembros del cuerpo del primer hombre había cierta carencia de perfección, como por ejemplo de claridad, y, sin embargo, no podía haber en ellos ningún mal, así en el intelecto podía faltar el conocimiento de algo, pero no podía haber falsedad"[28].

La inmunidad de error en el entendimiento es para Santo Tomás consecuencia de la imposibilidad de que haya una pena, es decir, algo contrario a la inclinación natural de la voluntad, sin que medie una culpa. Mientras que se puede aceptar la existencia de defectos corporales naturales, no es posible hacerlo con los intelectuales. El error es fruto de la culpa. No puede ser de otro modo cuando nos referimos a un ser de naturaleza intelectual, cuya operación propia es entender.

Lo natural al hombre es que adquiera la ciencia a partir de los sentidos, pues precisamente en orden a esto se une el alma al cuerpo[29]. En el caso de Adán, según lo visto, éste tenía ciencia

---

26. Cfr. *S. Th.*, I, q. 94, a. 3, co.
27. *Ibidem.*
28. *S. Th.*, I, q. 94, a. 4, co.
29. Cfr. *S. Th.*, I, q. 101, a. 2, co. Cfr. *Ibidem.*, q. 55, a. 2; q. 84, a. 7.

infusa para desempeñar su misión. Pero los que vinieran tras él tan sólo dispondrían de sus sentidos, de la luz natural de la razón y del hábito de los primeros principios. Mientras que en Adán la sensibilidad tan sólo aportaba el conocimiento experimental de lo que ya sabía, en su descendencia habría sido necesario el progreso. Por eso, la inmunidad de error en ella significa que nada podría impedirlo u obstaculizarlo.

Esta inmunidad comporta una notable diferencia respecto al modo de conocer actual. Para Tomás de Aquino, puesto que ninguna potencia falla respecto de su objeto propio, es preciso que en la inteligencia haya algún objeto respecto del cual nunca se equivoca, como ocurre, por ejemplo, con la vista respecto de los colores. Pues bien, según el estado de la vida presente (*secundum status praesentis vitae*) el objeto propio y adecuado del intelecto humano es la quididad abstraída de las cosas sensibles[30]. Efectivamente, el hombre nunca se equivoca respecto al *quod quid est*, como tampoco se equivoca respecto de los primeros principios, que se encuentran en este ámbito de la objetividad abstracta, como ocurre con el principio de contradicción. Sin embargo, en la composición y división se puede dar el error. El estado originario del hombre, en cambio, no tenía esta dificultad, no porque su conocimiento fuera de otra naturaleza (como el angélico, por ejemplo), sino porque el progreso respecto de su comienzo (la abstracción) hacia el conocimiento de las causas y principios, se daba sin dificultad.

La posibilidad de error en el hombre, al igual que la posibilidad de morir, se debe precisamente a la dependencia respecto del cuerpo en nuestras operaciones. En concreto, la inteligencia humana debe considerar su objeto en la sensibilidad interna, y

---

30. Así define Tomás de Aquino el objeto propio del intelecto *secundum statum praesentis vitae*. De esto depende la necesidad de la *conversio ad phantasmata*. Cfr. *S. Th.*, I, q. 84, a. 7; *S. Th.*, I-II, q. 5, a. 2, ad 2, etc.

además requiere de ella para toda consideración, aunque lo que conozca vaya más allá de los sentidos[31]. Pero esto implica, por un lado, exponerse a una incapacidad sobrevenida de las potencias sensibles para servir a la razón, como ocurre en quienes sufren graves enfermedades mentales. Y, por otro, la posibilidad de desconexión entre lo que los sentidos internos ofrecen y la realidad por defecto de la sensibilidad[32]. Estas posibles dificultades eran evitadas por el auxilio divino para que no expusieran a error a la facultad intelectual.

De este modo, el hombre podía llegar más lejos en su conocimiento. Así ocurría con el conocimiento de Dios.

31. "Pues no es preciso que todo lo que es conocido por el hombre se encuentre sometido al sentido o se conozca inmediatamente por un efecto sensible, pues también se entiende el intelecto a sí mismo por su acto, que no se encuentra sometido al sentido". *De malo*, q. 6, a. ún., ad 18. Esto obliga a matizar el papel de la abstracción para la inteligencia humana. Según Tomás de Aquino no se comienza a entender sin ella, pero no todo lo que conocemos son abstractos sensibles y sus negaciones, como a veces parece afirmarse, porque, evidentemente, y a modo de ejemplo, la operación intelectual no se puede conocer por abstracción. Veremos más adelante la importancia de esta apreciación.

32. Esta posibilidad de desconexión de lo que la inteligencia considera en la sensibilidad se debe a que ésta es "de algún modo medio entre el intelecto y la realidad: pues, comparada con las cosas es como un intelecto, y comparada al intelecto, como una cosa". *De ver.*, q. 1, a. 11, co. Habitualmente ha sido descuidada la distinción tomista entre la captación abstracta que corresponde a la abstracción y a todos los contenidos ideales de la inteligencia, que comparten su estatuto exento, con el conocimiento de principios reales como tales. Por eso la abstracción no puede ser la última operación de la mente, sino que debe haber otras superiores. En concreto, el ser como acto distinto de la esencia no comparece en la abstracción y su conocimiento requiere abandonar la objetividad abstracta. Cfr. MURILLO, J. I., *Operación*, hábito y reflexión. *El conocimiento como clave antropológica en Tomás de Aquino*, EUNSA, Pamplona, 1998. Este tema ha sido desarrollado desde una óptica distinta, pero, a mi juicio, en último extremo equivalente a la tomista, por Leonardo Polo con su propuesta de *abandono del límite mental*.

"Conocía a Dios con un conocimiento más alto que nosotros; y por eso de algún modo su conocimiento estaba a mitad de camino entre el nuestro y el que tendremos en el cielo, en que Dios se conoce por esencia. Para entenderlo, hay que considerar que la visión de Dios por esencia se contrapone a la visión a través de la criatura. Pero cuanto más alta es una criatura y más semejante a Dios, tanto más claramente se ve a Dios por ella, del mismo modo que el hombre se ve más perfectamente en un espejo cuanto más expresa es la imagen en él. Y por eso es evidente que se ve a Dios de un modo más eminente a través de los efectos inteligibles que a través de los efectos corpóreos. Pero el hombre es apartado de la consideración plena y lúcida de los inteligibles *en el estado presente*, porque es distraído por las cosas sensibles y se ocupa en ellas. Pero, como dice el Eclesiastés (7, 30), *Dios hizo al hombre recto*. Esta rectitud del hombre constituido por Dios consistía en que lo inferior se sometiera a lo superior, y lo superior no fuera impedido por lo inferior. De modo que el primer hombre no era impedido por parte de las cosas inferiores de la contemplación de los efectos inteligibles, que percibía de la irradiación de la primera verdad, sea por conocimiento natural o gratuito (...). Así que por los efectos inteligibles de Dios conocía a éste de un modo más claro que nosotros ahora"[33].

Aunque el texto es largo, pienso que está justificado considerarlo porque resume muy bien la visión que Santo Tomás tiene del estado originario. Desde su punto de vista, los bienes preternaturales se encuentran intrínsecamente unidos porque todo en el hombre forma una unidad a la que lo superior da orden y sentido. Por eso, la excelencia de ese estado debe reflejarse en primer lugar en las potencias superiores del hombre, y derivadamente en las inferiores.

---

33. *S. Th.*, I, q. 94, a. 2, co.

Hay que tener en cuenta, por otra parte, que los efectos inteligibles a que se refiere consisten, ante todo, en su propia actividad intelectual[34]. En virtud de ella llegaba a Dios sin necesidad de demostración mejor que a través de los efectos materiales que, como es sabido, son el punto de partida de las cinco vías tomistas[35].

Teniendo en cuenta esto, podemos pasar a considerar con una nueva luz algunas características de la inmortalidad original, antes de procurar comprender qué significa realmente su pérdida.

Como hemos visto la naturaleza humana no era inmortal porque no pudiera morir, sino porque podía evitar la corrupción. En este sentido la inmortalidad estaba en el cuerpo sólo como potencia obediencial[36]. Por eso es diferente de la inmortalidad que tendrán los cuerpos gloriosos, en los que las propiedades del alma

---

34. Cfr. *S. Th.*, I, q. 94, a. 2. Allí se expone el conocimiento que el hombre tenía de los ángeles. Este no podía ser por esencia, porque la operación intelectual del hombre es diversa de la de aquéllos ya que parte de los sentidos. También es muy claro este texto, que trata el mismo tema: "el hombre en el estado de inocencia por el hecho de que conocía algo inteligible perfectamente conocía perfectamente el acto de entender; y, como el acto de entender es un efecto proporcionado y adecuado a la virtud de que procede, entendía perfectamente la esencia de su alma. Pero de esto no se sigue que entendiera la esencia del ángel, puesto que este acto de entender no se adecua a la virtud del intelecto" *De ver.*, q. 18, a. 5, ad 9.

35. "Pues no convenía que el primer hombre llegara al conocimiento de Dios por demostración tomada de algún efecto, como nos resulta a nosotros necesario, sino que simultáneamente en los efectos, principalmente inteligibles, a su modo conocía a Dios". *S. Th.*, I, q. 94, a. 1, ad 3. Se puede comparar este tipo de demostración –o más bien de mostración o exhibición– de Dios con las famosas cinco vías que parten del mundo material. Se trata de una vía distinta y complementaria, pero que en realidad es superior, porque llega a Dios como ser intelectual y personal. En mi opinión, un desarrollo contemporáneo de esta doctrina es la antropología transcendental de Leonardo Polo. Cfr. *Presente y futuro del hombre*, Rialp, Madrid, 1993.

36. Cfr. *In II Sent.*, d. 19, q. 1, a. 5, co.

redundarán en él[37]. De ahí que necesitara conservarlo mediante los alimentos, y hubiera de usar también del fruto del árbol de la vida para no envejecer[38].

Pero la mortalidad del cuerpo era, a su vez, la condición de posibilidad de la generación. Como veíamos, en el caso de los animales, éste es el medio para conservar la especie. En el hombre, en cambio, esto no era necesario, pero Dios estableció que la posibilidad que compartían Adán y Eva con los demás seres animados fuera el medio para la multiplicación de los individuos del género humano[39].

De este modo, el hombre tenía una posibilidad de la que carecen los demás seres espirituales: compartir la propia naturaleza con otros individuos. Estas relaciones además permitían participar de un modo nuevo las perfecciones divinas, como ocurre con las relaciones de paternidad y filiación, y, en general, reflejaban de un modo creatural el hecho de que varias personas compartan una misma naturaleza.

Tomás de Aquino rechaza la opinión de Gregorio de Nisa, para quien la generación en ese estado no hubiera sido sexual como ahora. El principio que usa es uno de los que rigen todo su estudio de la naturaleza humana en estado de inocencia: "las cosas que son naturales al hombre ni se substraen ni se dan por el pecado"[40]. Puesto que este tipo de generación forma parte de

---

37. *Ibidem.*

38. Cfr. *S. Th.*, I, q. 97, a. 4. Si el hombre no hubiera comido de este árbol en el tiempo previsto, según Santo Tomás, hubiera muerto, pero, aclara, esto no hubiera sido sin pecado, porque iría tanto contra el precepto divino como contra la inclinación natural. *In II Sent.*, d. 19, q. 1, a. 2, ad 3.

39. "La generación en el estado de inocencia, aunque no fuera para la conservación de la especie, existió, en cambio, para la multiplicación de los individuos". *S. Th.*, I, q. 98, ad 2.

40. *S. Th.*, I, q. 98, a. 2, co.

nuestra naturaleza se debía dar también en el estado primitivo. No existía, en cambio, el desorden de la concupiscencia. El acto generativo, aun siendo más placentero que ahora, estaría moderado por la razón sin esfuerzo: *"Tunc autem fuisset fecunditas absque libidine* (entonces hubiera habido fecundidad sin libídine)"[41]. La inteligencia humana dominaría fácilmente sus inclinaciones naturales sin verse arrastrada desordenadamente por ellas. Pero éstas seguirían siendo lo que son.

Por otra parte, que el hombre sea físicamente generado estaba de acuerdo con su modo propio de ser como espíritu. La infancia y el crecimiento físico eran un reflejo adecuado de su crecimiento espiritual. Un crecimiento cuyo término consistiría, tras haberlo merecido, en el paso al estado glorioso definitivo. Tomás de Aquino admite por eso la existencia de lo que llama *"defectus pueriles*, que derivan de la generación"* en los hijos que Adán habría engendrado, "pero no de defectos seniles, que se ordenan a la corrupción"[42]. Todo en la vida terrestre del hombre se unía armoniosamente para constituir una suerte de generación prolongada. Esto es lo que diferencia el estado de vía del ángel del que corresponde al hombre, para quien la prueba adquiere unas características que a continuación pasamos a examinar.

3. La prueba

Hemos descrito la condición originaria del hombre como un estado de maduración hacia el fin definitivo. Pero no era posible alcanzar ese fin mediante la maduración espontánea, sino que requería una intervención directa de Dios. Aunque Adán no tenía

---

41. *S. Th.*, I, q. 98, a. 2, ad 3.
42. *S. Th.*, I, q. 99, a. 1, ad 4.

que morir, tenía que ser trasladado. Esta necesidad de la intervención divina abre la posibilidad del mérito. Dios puede exigir al hombre que se haga digno de esa intervención dirigida a plenificar lo que en la naturaleza inmediatamente recibida sólo está en germen.

En este punto existe una diferencia entre el hombre y las otras criaturas espirituales. Los espíritus puros no tienen *por naturaleza* esta exigencia de plenificación, puesto que en el primer instante de la creación ya tienen todo lo que corresponde a aquélla. Por eso la prueba en ellos tiene unas características diversas. Tomás de Aquino considera que el ángel, debido a la simplicidad de su naturaleza, no encuentra ninguna grieta en ella que permita una defección respecto del bien natural[43]. Su conocimiento natural no está a merced de impulsos inferiores y su voluntad se endereza pacíficamente hacia aquél. El hombre, en cambio, como vimos, no es de entrada una criatura homogénea. En él se da una pluralidad de principios, cada uno de los cuales tiende a su modo hacia el bien. Por eso la razón debe imponer su orden a las potencias inferiores. En este caso, el orden es una exigencia que, de hecho, puede quedar incumplida.

La posibilidad de fallar sólo se presenta a la libertad respecto de aquello que no está determinado naturalmente a la voluntad[44].

---

43. "(…) Resulta natural al ángel que se convierta con un movimiento de dilección a Dios, en tanto que es principio natural de su ser". *S. Th.*, I, q. 63, a. 1, ad 3.

44. "(…) Las potencias racionales están abiertas a los opuestos en aquello a lo que no están ordenadas naturalmente; pero en cuanto aquello a lo que están ordenadas naturalmente no se encuentran abiertas a los opuestos". *S. Th.*, I, q. 62, a. 8, ad 2. En cuanto al ángel el texto citado en la nota precedente concluye: "Pero que se convierta a él en tanto que es objeto de la bienaventuranza sobrenatural procede de un amor gratuito del que se puede separar pecando". *S. Th.*, I, q. 63, a. 1, ad 3.

Pero en el hombre la naturaleza sensible, aunque está ordenada naturalmente a obedecer a la razón, tiende al bien por su cuenta. Existe un bien sensible que, si bien desconectado de la razón no es el bien humano, constituye una posibilidad de desorden. Precisamente por esta razón el estado actual de nuestra naturaleza no puede ser definitivo. Para conjurar este peligro, la sensibilidad debe ser puesta de acuerdo con la razón desde su fuente, esto es, desde la esencia del alma. Pero un cuerpo de suyo corruptible no está sometido de este modo. Nuestra integración en el mundo de la generación y la corrupción, que posibilita nuestra coexistencia con él, nos sitúa ante la posibilidad de sucumbir y no alcanzar culpablemente nuestro fin[45].

Pero el designio de Dios para el hombre no se situaba tan sólo en el plano de la naturaleza. Como hemos visto Dios destina al hombre, como al ángel, a un fin de suyo superior a la capacidad de cualquier naturaleza creada, porque comporta la participación en la naturaleza divina. La esencia de Dios, inaccesible a cualquier inteligencia creada, se ofrece como destino final. La realización de esa elección sitúa a la criatura en el orden de la gracia. Lo que Dios ofrece de entrada es una propuesta, un anticipo, que exige la abdicación del impulso espontáneo para dejar paso a la acción transformante de Dios.

Puesto que la prueba del hombre se iba a realizar en este ámbito y no en el de su condición meramente natural, Dios había hecho que la gracia –hoy diríamos quizá: la introducción en el diálogo divino–, resolviera de entrada la problematicidad de las

45. "Convertirse a la bienaventuranza última le resulta difícil al ser humano por que se encuentra sobre su naturaleza y porque tiene impedimentos que proviene de la corrupción del cuerpo y de la infección del pecado". *S. Th.*, I, q. 62, ad 2. Obviamente en el caso que ahora nos ocupa, la dificultad para el hombre sólo se debe a la posibilidad de corrupción, o sea, a que su cuerpo no está de entrada puesto completamente de acuerdo con su espíritu.

instancias inferiores. Pero esto no comportaba la supresión definitiva de la caducidad y vulnerabilidad ínsita en la condición temporal del hombre, porque Dios quería que esa prueba, a diferencia
de la de los ángeles, no fuera instantánea, sino que se desarrollara
en el tiempo.

La naturaleza de la prueba depende de esta orientación a Dios
como fin de la bienaventuranza sobrenatural. Se es llamado a algo
superior a lo que la inclinación natural indica. Ésta, a pesar de la
rectitud originaria, no basta, en primer lugar, porque el conocimiento del bien ofrecido no es evidente. Adán y Eva no ven a Dios
por esencia. Sólo esto hace posible la prueba, pues comporta la
opción personal. El hombre no puede dirigirse a poseer su fin con
los recursos de que dispone, con lo que Dios ya le ha otorgado. Por
eso debe convertirse a Dios, como decía el texto que antes hemos
citado, que es quien puede hacerle bienaventurado.

En el relato del Génesis, la ausencia de evidencia natural está
claramente reflejada en el carácter misterioso del mandato. De todos los árboles del paraíso puede comer el hombre, menos de uno.
Y la prohibición lleva aparejada una amenaza: si coméis de este
árbol moriréis. El mandato no parece prohibir algo que es de suyo
malo. El árbol es como los demás. Tampoco parece condenarse
directamente la ciencia del bien y del mal –pues no se da a conocer
exactamente qué significa– sino tan sólo comer del fruto del árbol.
En este carácter misterioso de la prohibición se insinúa la necesidad de que el hombre renuncie a su inclinación espontánea hacia
el bien, a su propia autonomía, para ponerse a merced de Dios.

Con ello aparece la amenaza de una negatividad distinta de
la que supone la dimensión natural del hombre y el universo. "La
muerte, de entrada y antes de cualquier pecado, es susceptible de
al menos tres significados: la muerte con que Dios amenaza al
hombre si incumple; la muerte de Dios, al menos en la intención
del hombre, si la transgresión adquiere las dimensiones de un re-

chazo de la autonomía y transcendencia de Dios; la muerte del hombre, al menos en lo que respecta a una inclinación fundamental de su deseo, si no incumple y se pone en situación de espera"[46]. La imagen de la "muerte" aparece aquí en los dos términos de la elección. El hombre se ve obligado a escoger entre sí mismo y Dios. Pero, si toma la segunda alternativa, debe renunciar a sí mismo, debe entregar su voluntad y ponerse a merced de la iniciativa divina, y con esto debe aceptar una especie de muerte, que, si bien no es dolorosa, lo deja en cierto modo en suspenso respecto del horizonte de su existencia. En estas condiciones, depender de Dios ya no es simplemente "ser lo que se es", sino esperar lo que él nos ha preparado y todavía no ha manifestado completamente. La aceptación de la vida sobrenatural comporta, por tanto, un cierto "poner en suspenso" la vida natural. Evidentemente no se trata de negarla, pero sí de negar que sea definitiva. El hombre puede colegir que Dios no pretende deshacer su obra, pero ignora de qué modo su Creador va a darle cumplimiento. Desde ese momento la criatura sola no basta si no está con Dios.

Como hemos visto, en el caso del hombre, la naturaleza misma exige esperar en la intervención divina. Pero, supuesta la justicia original, dicha exigencia puede quedar enmascarada, porque no se presenta como una tensión. De hecho, en el relato de los orígenes no se hace mención explícita a un estado posterior. Por tanto, parece que el hombre puede pensar que le basta con lo que tiene y lo que con sus fuerzas puede conseguir. En cambio, respecto del nuevo precepto, que no se deduce de la lógica de la creación, Dios aparece como transcendente y no sólo como benévolo garante de los bienes de que el hombre dispone. Y este nuevo modo de manifestarse la transcendencia de Dios comporta de parte del hombre una afirmación diversa de la que está inclinado a dar, unida a una

---

46. Lafont, G., *Op. cit.*, p. 218.

relativización de su posición ante Él. La tensión no aparece entre las diversas dimensiones del hombre ni entre éste y el resto de lo creado, sino sólo como distanciamiento respecto de un Dios cuyos designios no comparecen con claridad.

Por eso, en el caso de quebrantar el mandato que Dios le impone, el hombre no sólo renuncia a una posibilidad, sino que se decide por la oposición. El hombre, al ignorar lo que Dios le propone, decide la muerte de Dios porque no reconoce su autonomía y su transcendencia, y rechaza de este modo que se manifieste no sólo como Creador, sino también como Ser Personal con el que la comunicación sólo puede establecerse en virtud de la confianza.

El precepto, por tanto, revela una nueva dimensión de Dios y, correlativamente del hombre. Dios no es sólo Creador generoso, sino, por encima de ello, Ser personal que exige atención y afirmación incondicionadas a sus palabras. Pero el hombre, por su parte, descubre que él mismo es algo más que sus relaciones con lo creado, y que la tarea que se le ha impuesto incluye una repuesta personal y directa a Dios[47].

4. La caída

De lo expuesto se desprende que Adán y Eva habían sido puestos por Dios en un estado de prueba, que exigía de ellos una repuesta nueva, no deducible de su naturaleza. Ésta podía basarse en

47. "(...) Lorsque Dieu se manifeste à l'homme comme parole mystérieuse par le moyen de l'interdit, l'homme perçoit qu'il est lui aussi Parole et il se comprend dans la réponse qu'il choisit de donner. Ainsi la tentation, qui a manifesté Dieu en lui-même, découvre-t-il aussi l'homme à lui-même non seulement comme pouvoir sur le monde et comme persone en face de la femme, mais comme liberté appelée à se poser comme Parole en face de Dieu". LAFONT, G., *Op. cit.*, p. 196.

la fidelidad, o, por el contrario, en el menosprecio de su palabra
—que no se muestra como evidente—, a la hora de buscar su perfección.

El pecado del hombre fue para Tomás de Aquino una desobediencia. Pero la desobediencia no fue querida por sí misma. Lo
que éste buscaba era conseguir un bien al margen del orden establecido por Dios. Este bien, como hemos visto, debido a la justicia
original, que derivaba de la ordenación a un bien sobrenatural,
no podía ser la búsqueda de un bien sensible al margen del orden
establecido por la razón. Por eso, el primer pecado consistió más
bien en "que apeteció un bien espiritual por encima de la propia
medida. Y esto corresponde a la soberbia"[48].

Lo que le sedujo fue conseguir la propia excelencia. La interpretación de la serpiente, en efecto, es que Dios no quería que co-
mieran porque *serían como dioses*, conocedores del bien y del mal.
Desde luego, no se podía tratar de una semejanza de equiparación
absoluta, porque ésta no cae en la aprehensión y menos en la del
sabio. Pero Santo Tomás explica que la semejanza con Dios que la
criatura puede participar se puede entender en tres sentidos: según
el ser de la naturaleza, según la ciencia y según el poder de obrar.
La primera Adán y Eva la tenían desde el principio de su creación.
La segunda fue prerrogativa del ángel desde el principio, pero del
hombre sólo en potencia. La tercera, en cambio, no la tenían ninguno de los dos, puesto que todavía tenían que hacer algo para llegar a la bienaventuranza. Por eso, Tomás de Aquino considera que
el diablo pecó deseando para sí el poder de obrar por sí mismo.
El hombre, en cambio, pecó deseando la semejanza con Dios en
cuanto a la ciencia del bien y del mal, es decir, explica el Aquinate,
deseando determinar por sí mismo lo que es bueno o malo, o bien
qué les iba a ocurrir de bueno o malo en el futuro; y, secundaria-

---

48. *S. Th.*, II-II, q. 163, a. 1, co.

mente, deseando dicha semejanza según el poder de obrar, porque quiso, al igual que el ángel, *conseguir la bienaventuranza en virtud de la propia naturaleza.* Tomás de Aquino concluye el artículo que estamos glosando, diciendo que, en cualquier caso, hay algo en que conviene el desorden de ambos, es decir, en que quisieron reposar en sí mismos despreciando la regla divina[49]. Nos interesa ahora detenernos en algunos aspectos de este planteamiento.

La naturaleza del primer pecado es la soberbia, que lleva a despreciar el precepto divino. Pero lo deseado es la ciencia. Cabe preguntarse por qué Adán podía desear la ciencia, cuando, como ya hemos visto, en su caso particular, como cabeza del género humano, disponía de ciencia infusa. La respuesta de Santo Tomás es que el desorden está en que sea cual sea la naturaleza de la ciencia que intentó, quiso conseguirla en virtud de su propia naturaleza y comiendo el fruto del árbol. Esto en cambio no podía tentar al ángel, pues por naturaleza dispone de toda la ciencia desde el principio[50]. Así se aclara que el primer pecado consiste precisamente en el desprecio de la gracia, en el intento de conseguir la felicidad por sí mismos, desoyendo la llamada divina a participar de su vida.

La criatura no puede despreciar el don de la creación por cuya virtud existe, pero sí puede despreciar la elevación sobrenatural, su recreación, porque ésta le viene de fuera. Tal vez se pueda decir que, mientras que respecto de la propia naturaleza Dios aparece como interior, es decir, como el principio sobre la que reposa y del que deriva lo que se es y lo que se puede hacer, respecto de la gracia, Dios aparece como exterior, como Alguien que está frente

---

49. Cfr. *S. Th.*, II-II, q. 163, a. 2, co.

50. "(...) Que el ángel esté establecido en el pleno conocimiento de las realidades naturales le es debido a él por su naturaleza, pero no al hombre, salvo por obra divina, y, aun así, la naturaleza humana sigue siendo inferior a la angélica". *De ver.*, q. 18, a. 4, ad 7.

a la criatura y que exige una abdicación, una renuncia a reposar en sí misma, para comunicarse a ella. Esta necesidad de renunciar a sí mismo está unida a la posibilidad de pecar, pues implica un salto que la naturaleza no inclina indefectiblemente a dar por sí misma, y, por tanto, comporta una dificultad[51], aunque, para Tomás de Aquino, no comporta de suyo ninguna violencia o dolor.

Por otra parte, que el pecado del hombre consista en apetecer de un modo desordenado la ciencia también tiene importantes consecuencias. El saber que se pretende con las solas fuerzas naturales implica una reducción del conocimiento a posibilidad de sometimiento. La realidad ya no se reconoce como regulada por Dios, y se pretende imponer como ley la propia naturaleza. Esto comporta un intento de cambiar el papel que Dios le asigna en el universo. El hombre debe mejorarlo con su intervención como un don que se le ha otorgado para que lo custodie y promueva. Pero pretender imponerse como criterio al margen de la destinación sobrenatural desemboca en una pretensión correctora, que desconoce la finalidad que Dios ha impuesto a lo real en base a su designio misterioso. Rechazar servir a Dios se traduce en intento de poner las cosas al propio servicio, desinteresándose de la naturaleza que les corresponde.

---

51. "Convertirse a la bienaventuranza última le resulta difícil al hombre porque está por encima de su naturaleza, y porque tiene el impedimento que proviene de la corrupción del cuerpo y la infección del pencado. Pero para el ángel es difícil solamente por el hecho de ser sobrenatural". *S. Th.*, I, q. 62, a. 2, ad 2. En esta ocasión, como decíamos antes, se refiere evidentemente al hombre caído. Pero en el estado original la situación de este último era más parecida a la del ángel. Sirve para ilustrarlo la siguiente afirmación de Lewis: "Even in Paradise I have supposed a minimal self-adherence to be overcome, thought the overcoming, and the yielding, would there be rapturous. But to surrender a self-will inflamend and swollen with years of usurpation is a kind of death". *The problem of pain*, MacMillan, Glasgow, 1950, p. 73.

Polo comenta de este modo la tesis tomista:

"La ciencia (alternativa) pecaminosa es la ciencia de la disyuntiva bien-mal. Y en la disyuntiva es donde primariamente está el pecado (de ciencia). Por lo pronto, dar cabida o "tener que ver con el mal", ya es malo, si de entrada "no se tiene que ver", esto es, si el mal es provocado. Además, la ciencia humana es dominante y se ejerce respecto del universo: por lo tanto, la ciencia del bien y del mal implica una apreciación de la obra divina según la disyuntiva, y esto es ofensa a Dios, pues la obra divina no es mala de ningún modo. Añádase que, si la ciencia del bien y del mal conserva el carácter de operatividad dominante de la ciencia, da lugar a la aparición del proyecto de corregir en su constitutividad fundamental misma al universo. El dominio es entonces transformación, injerencia, intento de ponerse operativamente en el lugar de Dios ("seréis como dioses"): en una palabra, enmendarle la plana. En el proyecto correctivo, el hombre se separa de Dios, actúa sólo por su cuenta y ya no se apoya ni espera en Él. Aquí está la razón formal del pecado en cuanto que tal: la blasfemia, la escisión, la soberbia presuntuosa, la muerte de la esperanza, la soledad espiritual (pérdida de la destinación). Por otra parte, la ciencia del bien y del mal es constitutivamente errónea (lo que también ofende a Dios), pues el proyecto de corrección se aprecia como bueno, y lo corregido como malo. Esto hace de la disyuntiva una distorsión aberrante. La distorsión se explica por una vacilación en el afán de infinito que, al confrontarse con las cosas, se frustra en ellas y, si se empecina, ha de corregirlas en una dirección imposible (*conversio ad creaturas*)"[52].

---

52. Polo, L., *Sobre la existencia cristiana*, EUNSA, Pamplona, 1997, pp. 198-199.

5. La pena de la transgresión y la reacción del hombre ante ella

Con el pecado aparece en escena la culpa. La culpa es para Tomás de Aquino el mal en el dominio de la acción, que es la última
perfección del agente y lo que, en la criatura racional, se encuentra
en su poder[53].

La culpa consiste en que se obra con un defecto en la voluntad,
esto es, sin que ésta se encuentre sometida a su regla[54]. Dicha regla
en el hombre no era tan sólo la inclinación natural de la voluntad
al bien, sino su orientación a la bienaventuranza sobrenatural. Y la
respuesta adecuada de Dios a la culpa es la imposición de la pena:

> "Dios es autor del mal de pena, pero no del mal de culpa. Esto se
> debe a que el mal de pena priva del bien a la criatura, sea éste un
> bien creado, como por la ceguera se priva de la vista, o sea un bien
> increado, como cuando por la privación de la visión beatífica se
> priva a la criatura del bien increado. En cambio, el mal de culpa
> se opone propiamente al mismo bien increado, pues va contra el
> cumplimiento de la voluntad divina, y contra el amor divino con
> que Dios se ama en sí mismo, y no sólo en cuanto es participado
> por la criatura"[55].

Cuando la criatura rechaza a su creador, éste responde retiran-
do aquello que ésta ya no es capaz de poseer o que no conviene
que posea. La pena no es una ciega venganza de Dios, sino que
pretende restaurar el orden que el pecado introduce. Por eso no

---

53. "Es manifiesto que la operación es el último acto del que actúa". *S.
Th.*, I-II, q. 3, a. 2, co. "(…) El orden de la acción, que es quitado por la culpa,
es un bien perfecto del agente más perfecto, pues es una perfección segunda,
que el orden que se quita por la pena, que es una perfección primera". *S. Th.*, I,
q. 48, a. 6, ad 2. "(...) Corresponde a la naturaleza de la pena que perjudique al
agente en su acción". *S. Th.*, I, q. 48, a. 5, ad 4.

54. *S. Th.*, I, q. 49, a. 1, ad 3.

55. *S. Th.*, I, q. 48, a. 6, co.

se trata de un castigo arbitrario. Por otra parte, nadie como Dios conoce la naturaleza de la criatura transgresora y qué es lo que más le conviene.

Ante todo, "la pena se impone para evitar la culpa"[56]. Esta misión la cumple de diversos modos. Por una parte, la amenaza de la pena sirve para ayudar a la libertad a huir de la acción desordenada. En este sentido, la existencia de una pena y su conocimiento sirven como una coacción externa que tiende a mitigar el peligro que supone la tentación. Pero éste no es el único valor de la pena. En primer lugar, porque la amenaza no sirve por sí sola como incitación al bien, pues actuar solamente por el miedo de la pena no manifiesta una buena voluntad. Tomás de Aquino establece la comparación con el cuerpo muerto, que no se mueve por sí mismo, sino por un impulso externo[57]. En segundo lugar, porque en ocasiones el conocimiento de la pena es imperfecto, y no puede cumplir adecuadamente su función disuasora. Y, por último, porque sólo cumple esta función cuando todavía no se ha infligido, mientras que en el momento en que la pena se hace efectiva, ya no se puede evitar el mal que pretendía evitar. Por eso, la pena tiene también otros sentidos. Puede tener un sentido medicinal, de modo que la aplicación misma comporte un cierto bien para el que la sufre, si éste todavía tiene alguna posibilidad de salvarse; o, en el caso de que no exista ya esa posibilidad, el de restablecer el orden al que se opone el pecador a pesar de su voluntad perversa.

En el caso de los ángeles, como su decisión es irrevocable, sólo se puede dar esta última finalidad de la pena. Pero el hombre,

---

56. *S. Th.*, I, q. 48, a. 6, ad 1.

57. "Eliminadas la intención del último fin y el amor, el alma se vuelve como muerta, pues no se mueve por sí misma a actuar rectamente, sino que, o bien desiste totalmente o es inducida solo desde el exterior, es decir, por el miedo de las penas". *C. G.*, III, c. 139.

como ser temporal, permitía una actuación medicinal por parte de Dios que restableciera el orden alterado favoreciendo su conversión.

Efectivamente, el castigo del pecado era la muerte, pero ésta no es inmediata. El intervalo que se abre está conectado con la posibilidad de salvación que se ofrece. La naturaleza de la pena infligida consiste en hacer al hombre consciente de las consecuencias negativas de su elección. Puesto que el hombre ha elegido actuar al margen de Dios, conviene que experimente la indigencia de su situación sin Él.

Por eso las penas que impone Dios al hombre poseen un orden que sirve para enderezarle al bien, conservando su libertad. Si el hombre no quiere acudir a Dios para recibir de Él su cumplimiento, deberá acudir a Él para que le salve de su situación desgraciada. Porque, en cualquier caso, la elevación sobrenatural, como vimos, exige una conversión a Dios para que la criatura alcance su fin; pero este recurso se hace más perentorio cuando la criatura experimenta su impotencia también en el orden natural.

La pena del pecado comporta para el hombre ante todo la pérdida de la gracia divina, único medio por el que podía alcanzar a su fin sobrenatural –que, presupuesta la elevación, es su único fin posible–. Pero, junto con ella, la rectitud que ésta extendía a todas las dimensiones del hombre desaparece. El hombre, que ha intentado ser feliz tomando su naturaleza como regla, tendrá que experimentar la precariedad de su estado terreno si el auxilio divino le abandona. Por eso quedará a merced de la caducidad de su naturaleza corporal y padecerá la tensión de sus principios operativos, que buscan su bien según una ley que, de entrada, no está sujeta a la razón.

Santo Tomás expone con detalle su interpretación de las penas descritas en el Génesis. En realidad, se trata de un conjunto de dificultades a la hora de conseguir el bien. De este modo aparece el dolor. La voluntad cuyo fin queda fuera de sus fuerzas naturales encuentra ahora imposible aceptar las dificultades que se le presentan porque no estaba preparada para contar con ellas; "alguien se duele porque se debilita respecto a lo que desea"[58]. La pena no comporta una disminución de la inclinación al bien, que significaría la destrucción de la criatura, sino la presencia de obstáculos para conseguirlo. No destruye, por tanto, la voluntad, sino aquello de que se sirve la voluntad. La experiencia de estos obstáculos en un contexto de desorden es el dolor en lo que tiene de racional.

De entre estas dificultades las que más afectan al hombre son las que encuentra en sí mismo. La explicación de Santo Tomás tiende a reducirlas a dos fundamentales:

"El género humano comparte diversas penas tanto corporales como espirituales. Entre las corporales la mayor es la muerte, a la que todas las demás tienden y se ordenan, como el hambre, la sed y otras semejantes. Y entre las espirituales la mayor es la debilidad de la razón, a la que se debe que el hombre llegue con dificultad al conocimiento de la verdad, caiga fácilmente en el error y no pueda superar absolutamente los apetitos bestiales, sino que muchas veces se vea obnubilado por ellos"[59].

Pero la unidad del hombre exige todavía poner en relación, a su vez, estas penas. Ambas proceden en último extremo de la pérdida de la gracia que era la razón última de la rectitud de la naturaleza humana. Su pérdida comporta el abandono a sí misma de la naturaleza humana en estado de vía, que queda por tanto incapacitada para alcanzar el fin que la plenifica. Ahora bien, al igual que en los males tiene primacía lo inferior, que, abandonado a sí mismo, desvía a lo superior, asimismo la desviación de lo inferior sólo es

---

58. *S. Th.*, I-II, q. 85, a. 3, ad 5.
59. *C. G.*, IV, c. 52.

posible en virtud de la debilidad de lo superior. Por eso, la *debilitas rationis* es de algún modo responsable de la rebelión de lo sensible, como claramente indica Santo Tomás a propósito de las pasiones. La rebelión de las pasiones lleva a Adán y Eva a avergonzarse porque introduce una visión del cuerpo separada del espíritu, incapaz de transparentarlo. Pero el culmen de esa rebelión se da en dos sentidos: en cuanto que la pasión arrastra y oscurece la inteligencia en el orden de la tendencia; y, correlativamente, pero de modo distinto, en la medida en que el cuerpo mismo no responde a la vida que procede del alma racional. En el primer caso, la rebelión provoca la vergüenza ante la mirada de los otros y ante las propias acciones desviadas. Se trata por tanto de la dimensión moral del desorden. En la vergüenza se reacciona ante la incapacidad propia o ajena de imponer el orden racional en la acción. En el segundo sentido, sin embargo, la rebelión del cuerpo se manifiesta abiertamente como impotencia y debilidad. De este modo, el segundo carácter de la insubordinación manifiesta como impotencia la insumisión del cuerpo que se puede enmascarar en la tendencia desordenada. Por eso, esta segunda es la medicina contra la primera.

El desorden de la sensibilidad es posible porque el hombre es mortal, porque está sometido en cierto modo a su dimensión material, pero este sometimiento se debe a que lo superior ha desvirtuado su función rectora. El hombre debía aceptar momentáneamente el auxilio de Dios, aunque apareciera como Alguien exterior. Sin embargo, ha preferido una existencia independiente. Por eso Dios retira su ayuda, y el hombre se ve confrontado, también en cuanto al conocimiento, con la situación precaria de su naturaleza en estado de vía. Puesto que en su operar parte de los sentidos, ahora el ámbito de su infalibilidad no se extenderá más allá del límite de su objeto propio, la quididad (o esencia abstracta) de la realidad material (*quidditas rei materialis*). Este conocimiento es exento y no permite por sí solo acceder a los principios como tales. El conocimiento abstracto es exigido por la condición corruptible de nuestro cuerpo. Cuando esa condición no es subsanada por la gracia, se convierte en una amenaza de errar en lo que va más allá de esa operación incoativa.

Por otra parte, Tomás de Aquino plantea una conexión entre el modo de conocer según el estado de la vida presente y la imposibilidad de que en ese estado se dé la consumación humana, o sea, la visión de Dios. La referencia del alma espiritual con el cuerpo que informa en estado de vía exige la abstracción como inicio porque el cuerpo es corruptible. Puesto que esa corruptibilidad no está ahora confortada como en el estado preternatural, se transforma en pesadumbre (*aggravatio*)[60].

A su vez, la manifestación de la mortalidad, la necesidad de morir (*necessitas moriendi*)[61], y de todos los males que dependen de

---

60. "(…) Para la perfecta operación del intelecto se requiere ciertamente la abstracción de este cuerpo corruptible, que pesa al alma, pero no del cuerpo espiritual, que estará totalmente sujeto al espíritu". *S. Th.*, I-II, q. 4, a. 6, ad 3. La resolución de esta índole sólo se da, por tanto, en el estado definitivo, en el que la sensibilidad no es inicio, sino que en ella redunda el conocimiento de la parte superior. Polo llama a la operación abstractiva presencia mental y atribuye a dicho modo de conocer la mortalidad humana, con lo que queda más claro que la ausencia de sometimiento de lo inferior se debe a la debilidad o atenuación de lo superior del hombre. "El alma humana es tanto esencia como forma, y su consideración formal es su unidad con el cuerpo. El alma no se separa del cuerpo por abstracción; su separabilidad es esencial, no formal: en tanto que esencia es independiente del cuerpo unida él, y no en su separación únicamente. Por su parte, la presencia mental es respectiva al alma de acuerdo con la distinción esencia-forma, y la pone de manifiesto: tal distinción se cifra en la presencia, por lo cual la muerte es el fin de la presencia, o el cese de la distinción esencia-forma. En este sentido la muerte se debe al límite mental". *Curso de Teoría del Conocimiento III*, EUNSA, Pamplona, 1987, p. 436. En mi opinión, esto es lo característico del conocimiento humano en estado de vía tras el pecado.

61. *In II Sent.*, d. 31, q. 1, a. 2, ad 12.

ella muestra la inanidad de la pretensión de poner nuestro fin en la dirección que indican las tendencias sensibles. La aparición de la vergüenza como defensa o reacción contra la inclinación desordenada supone una cierta rectitud de la voluntad, pero el dolor y la muerte son males que "destruyen la ilusión de que lo que tenemos, sea bueno o malo, es nuestro y resulta suficiente para nosotros"[62].

Además, la muerte es también una imagen adecuada de una pérdida que nuestra naturaleza no siente –al igual que la muerte, que, de suyo, o sea *in facto esse*, no es sentida–, pero cuya gravedad vislumbra con dificultad –a diferencia en este caso de la muerte–, que es la pérdida de la gracia divina. De hecho, el pecado siempre se ha descrito como muerte del alma, como muerte del espíritu. La gracia es la vida del espíritu, porque es el principio que la une a Dios, sin el cual no puede alcanzar su fin[63].

Pero, en cuanto término de la vida en estas condiciones, la muerte no es sólo un mal, ya que pone fin, aunque sea a modo de desgarro, a una vida que no puede ser para el hombre definitiva. Tener que morir es, en este sentido, la exigencia de resolver lo que sólo es transitorio[64]. Aquí aparece de nuevo el carácter ambivalente de la muerte que veíamos en el primer capítulo. Puesto que no es total, se puede decir que se trata de un desgarro. Pero la ampliación del planteamiento nos permite vislumbrar por qué el tránsito se produce así. El desgarro se debe a que estamos a merced de

---

62. Lewis, C. S., *Op. cit*, p. 76.

63. "El pecado es como una muerte espiritual del alma". *S. Th.*, III, q. 79, a.6, co. "Pues el pecado se dice muerte pues por él el hombre mismo se separa de Dios, que es la vida". *Ad Ephes.*, II, lect. 1, n. 74.

64. "(…) El hombre, si tras el pecado hubiera comido del árbol de la vida, no por ello hubiera recuperado la inmortalidad, pero por medio de él hubiera podido prolongar más la vida. Por lo que, cuando se dice y viva eternamente, debe entenderse eternamente como permanentemente. Pero no le convenía al hombre permanecer en la miseria de esta vida". *S. Th.*, II-II, q. 164, a. 2, ad 6.

nuestro cuerpo. El pecado nos ha prendido de él, y por eso, no es posible el juicio divino, la resolución de la prueba, sin ser arrancados violentamente del mundo en que el cuerpo nos inserta. Morir es ahora el signo de la necesidad de conversión y salvación. Tras el pecado original el hombre debe abandonar algo para convertirse a Dios. Pero morir no es el abandono de una cosa cualquiera, sino más bien una destrucción.

La «muerte a sí mismo» que era precisa para antes del pecado no requería abandonar nada de lo que se tenía, y se daba pacíficamente como una continuación: tenía la forma de la maduración y el crecimiento. Y esto se reflejaba en que el tránsito a la vida definitiva se hubiera llevado a cabo sin tensiones. Tras el pecado, el tránsito comporta una ruptura, como para subrayar que la renuncia es necesaria. Pero, a la vez de subrayar la necesidad de no confiar en la autonomía de la propia naturaleza, el estado actual tiene una ventaja respecto del anterior, pues nuestra condición precaria es un impulso para anhelar la resolución de nuestra condición de viadores.

El reconocimiento de la situación actual como procedente del pecado, nos permite ahora dotar de un nuevo sentido al enigma de la muerte que condiciona nuestra relación con Dios. La muerte ya no es algo meramente arbitrario, sino que tiene un sentido que responde a un marco de relación personal con Dios. La muerte es una pena, algo que merecemos.

Pero la naturaleza penal de la muerte no elimina la exigencia de tomar una postura ante Dios. Además, en este caso, se trata sólo de una primera respuesta, que no oculta sus oscuridades. Yo he de morir porque soy pecador. Pero la condición mortal deriva ante todo de lo que he recibido, de mi naturaleza, en la medida en que ésta procede de otros hombres. Mi unión a la naturaleza humana aparece como algo problemático. ¿No soy irreductible a cualquier otra persona? ¿Por qué entonces he de sufrir el castigo de una falta que no he cometido? Y esta constatación se agrava al comprobar que la pena de esa falta se traduce ante todo en dificultad para hacer el bien. El destino común de los hombres aparece entonces empañado por el pecado. Entre las cosas que compartimos se encuentra el mal.

Para el hombre, referirse a Dios siempre implica optar. Si el hombre desiste de su destino último, se separa de aquél y se enreda en los problemas de su condición presente. En un mundo marcado por el mal manifiesto, es decir, el dolor y la muerte, la tentación de reposar en la propia naturaleza puede tomar también una forma distinta: la pretensión de autorredención.

El hombre busca autorredimirse cuando se separa de Dios y deja de confiar en él como redentor. Y al intentar ponerlo por obra se separa también de él, que es su Origen, porque lo considera malo o insuficiente. Pero sólo en el reconocimiento de Dios como autor de su ser puede el hombre encontrar su identidad. La luz que ofrece el relato de la condición original permite, si nuestra decisión es perseverar en la glorificación de Dios, alejar de Dios el origen del mal. De este modo nos podemos remitir a Él por encima de lo precario de nuestra condición, evitando el peligro de reducir sus atributos. Dios aparece como origen transcendente y ajeno a toda negatividad. Y esta convicción condiciona la posibilidad de aceptar que Él nos pueda redimir. Pero aceptar que el mal que experimentamos se debe a la culpa de un hombre distinto de nosotros, cuya naturaleza hemos recibido, exige aceptar un designio misterioso de Dios respecto a la unidad del género humano.

Por todo ello el relato de la caída, aunque arroja luz, porque conecta el surgir del mal con la defección de la libertad, remite más allá de sí mismo. La respuesta proviene a su vez de la revelación, donde el relato de la caída se inserta como una pieza. Morir es efecto y signo de nuestra condición de separación de Dios. Se trata del sello que imprime el pecado en la naturaleza humana.

Pero la inserción involuntaria en el misterio del pecado clama por un sentido. Y, para encontrarlo, debemos dirigir nuestra mirada a la plenitud de la manifestación de Dios. Sólo una luz de esa intensidad puede asegurar un marco suficiente para responder adecuadamente a la pregunta por el sentido de la muerte.

III

La muerte como acceso a Cristo

"*Absorpta est mors in victoria*"
"La muerte ha sido absorbida en la victoria"
(*I Cor* 15, 54; *S. Th.*, III, q. 50, a. 6, co.)

1. Dualidades irreductibles en el contenido de la revelación cristiana

Hasta aquí hemos estudiado, tomando como guía la exposición tomista, algunos aspectos de la muerte, a saber, su significado respecto de la naturaleza y respecto del pecado. Se trata, como se ha intentado mostrar, de aproximaciones válidas y hasta cierto punto separables –al menos expositivamente–; pero que no son autosuficientes. En el fondo ambas se integran en una unidad más amplia cuya luz es el misterio de Cristo. En realidad, sólo en ella, como recuerda el Magisterio reciente, encuentra el hombre la luz decisiva para comprenderse a sí mismo[1]. Pero, si bien esta convicción no ha sido abandonada en ningún momento, la posibilidad de tratar dichas dimensiones por separado se funda en que tienen una consistencia propia en la revelación cristiana.

De acuerdo con ella, el hombre es objeto de un designio unitario por parte de Dios, que quiere hacerlo entrar en comunión consigo. Es lo que Tomás de Aquino llama la *coniunctio ad Deum*[2].

---

1. Cfr. *Gaudium et spes*, 22.
2. En torno a esta noción cfr. PONCE, M., *La naturaleza de la Iglesia según Santo Tomás*, EUNSA, Pamplona, 1979, pp. 51-79.

Sin embargo, la revelación que tiene lugar en Cristo se hace ininteligible si no se conserva la distinción entre las distintas dimensiones que le son internas. No es posible entender qué es el hombre
en el plan divino, ni la índole de la comunión con Dios a que
está destinado sin conservar la diferencia entre la naturaleza[3] y la
gracia. Y tampoco es posible entender el desarrollo de la historia
humana en su relación al proyecto divino sin mantener la diferencia entre pecado y redención.

En el ser humano, la dualidad naturaleza-gracia pertenece al
orden constitutivo. La primera lo refiere a Dios como creador. Por
la segunda, en cambio, entra de un modo personal en relación con
Dios a través de la revelación de su intimidad personal. Pero la revelación de Dios no se hace en el vacío, ni tiene como destinatario
a Dios mismo, sino que, en cuanto revelación creatural es dirigida
a otras personas creadas en beneficio de las cuales se ofrece.

Dios no necesita de la creación para expresarse a Sí mismo,
porque esto lo hace de un modo increado y absolutamente adecuado el Verbo en el seno de la Trinidad. Pero su decisión de darse
a conocer *ad extra* supone la creación de otras personas. Por eso
la gracia creada no se apoya en sí misma, sino que es don para la
criatura.

Desconocer esta distinción puede conducir a aceptar en Dios
una cierta necesidad o conveniencia interna de crear y autoco-
municarse, en el sentido de que estas acciones pudieran –por
sutilmente que fuera– añadirle algo. Pero la gracia creada sólo
puede ser entendida como realidad otorgada a un ser que tiene
una consistencia propia. Por eso no resulta acertado entender
la criatura personal como un mero momento de una revelación
trinitaria.

---

3. Aquí "naturaleza" no se usa en cuanto distinta de la persona, como
hemos hecho en otras ocasiones, sino incluyéndola.

Se debe, más bien, afirmar que la persona creada es la destinataria de un don que, sin ella, carece de sentido. De este modo no se pretende rebajar la superioridad del don respecto del destinatario –la gracia es infinitamente más digna que la naturaleza–, sino mantener su índole de don. En otras palabras, no puede haber amor trinitario *ad extra* si no existen destinatarios de ese amor. Lo que sí es peculiar de la relación personal Dios-criatura es que no es igualmente bilateral, porque no se establece entre iguales. Antes bien, la autocomunicación a la criatura es inseparablemente un hacerla apta para dicha relación personal. La criatura destinataria del don es, por tanto, elevada.

Por su parte, la dualidad pecado-redención forma parte del desarrollo existencial de la relación con Dios que se establece. También en este ámbito se da una mutua implicación. La redención obrada mediante la encarnación es efectivamente la cumbre de la revelación de Dios al hombre. Pero la encarnación, máxima expresión de la donación gratuita de Dios al hombre, no se da como un absoluto al margen de la criatura, respecto de la cual ésta última sea sólo una condición de posibilidad, sino que se le otorga como un don. Y esto no sólo se manifiesta en el hecho de que el Verbo se encarne asumiendo una naturaleza ya existente, o sea, la humana, sino en que la asume contando incluso con aquello que sólo la criatura podía desgraciadamente «aportar», su pecado. La razón misma de la encarnación, a saber, la redención –para Tomás de Aquino la única prevista desde el principio, aun antes de la caída–, manifiesta con toda la crudeza que la gracia es don a la criatura y que sólo en beneficio de la criatura es la gracia creada por Dios.

2. El cambio de cauce de la gracia para el hombre

De acuerdo con lo visto hasta ahora, la naturaleza humana está desde el principio en el orden de la gracia, y sólo por ello se puede entender el mal que de hecho le afecta. El pecado es, desde un principio, rechazo del designio de Dios sobre el hombre, negativa a apoyarse en Él para alcanzar la felicidad definitiva. A pesar de todo, Dios no retira definitivamente su ofrecimiento. Pero, tras el pecado, la comunicación de gracia al hombre adquiere un carácter distinto. En adelante ya no se ofrecerá sólo una invitación a la que el hombre debe responder con la obediencia de la fe y la esperanza de una consumación superior a sus fuerzas. Ahora comporta también la exigencia de acudir a Dios para que le libre de una situación que, de entrada, antes de cualquier intervención de la libertad personal, es de suyo desgraciada.

Tras la caída se inaugura la historia a la que pertenecemos, marcada por la esclavitud de quien se encuentra llamado a un estado que no puede alcanzar sin la intervención directa de Dios, y, sin embargo, a merced de sus propias fuerzas naturales y en un ambiente que no reconoce la dignidad a la que está destinado. Dentro de esta condición se pueden destacar algunos rasgos que contribuyen a definirla.

En primer lugar, esta comporta una mayor inclinación a las realidades sensibles. Lo que antes era una respuesta dichosa al mandato divino de cultivar la tierra se convierte ahora en una necesidad esclavizante. El hombre se encuentra en gran medida absorbido por la preocupación por su propia subsistencia, que es fuente de ansiedades y puede constituir un obstáculo para levantar la inteligencia hacia el Creador. La pérdida de los dones de su inteligencia lo someten a su vez a la posibilidad de errar y, por tanto, a la de atribuir el culto que sólo debe al Creador a principios diversos e intramundanos sobre los que proyecta sus propias ansiedades. Se trata del riesgo de la idolatría. El progreso en el dominio del mundo se convierte también en ocasión de extravío respecto a su destino último[4]. El hombre encuentra dificultad para reconocer a Dios en su actividad intelectual, en su actividad transformadora del mundo y en la naturaleza.

Paralelamente el hombre pierde la conciencia de su propia dignidad, que sólo reconoce en la medida en que se comprende a la luz de Dios. En consecuencia, hay dimensiones profundas de su ser que quedan en la oscuridad y que dejan de emplearse en la historia. En primer lugar, la propia libertad, que se confronta de un modo prioritario con objetivos intramundanos y que tiende a reconocerse sometida a fuerzas impersonales (el *fatum*). El hombre llega incluso a no saber reconocer su propia diferencia respecto del universo y el puesto que ocupa en él.

Al mismo tiempo hay un oscurecimiento de la conciencia moral. Aparece la dificultad de reconocer los principios que guían la acción personal y social. El hombre encuentra dificultades a la hora de discernir qué es bueno y qué es malo. Se trata de una consecuencia de la debilidad intelectual, que se corresponde con la inmersión de la mente en las cosas terrenas. La ignorancia y el mal cometido realimentan a su vez dicha absorción. El pecado de origen, por el que la persona se encontraba separada de Dios en cuanto a su naturaleza se continúa en los pecados personales por los que la persona se separa también de él en cuanto a sus actos personales.

Y, junto con ello, el hombre experimenta la impotencia ante el mal que sufre. En primer lugar, ante el dolor que provocan los

4. En este sentido se ha señalado que el mismo progreso técnico (aparición de la agricultura) y social (nacimiento de la vida urbana) parece paralelo, al menos antes de la plenitud de los tiempos, con el aumento del riesgo de la idolatría y con la deformación del conocimiento de Dios.

defectos humanos, que en el designio original estaban de entrada subsanados. Y, ante todo, la incapacidad para superar la muerte que aparece como un límite irrebasable de la vida. El dolor y la muerte como males experimentados manifiestan lo precario de la situación que provoca el pecado, que, sin embargo, en la medida en que abunda se hace cada vez menos patente. En este estado, el dolor y la muerte son tal vez los más poderosos acicates para que perviva en el hombre el sentido de la transcendencia, la necesidad de remitirse a alguien que le guíe y ayude en su impotencia[5].

Pero, quizá lo que más sorprende es que estas condiciones constituyen el marco en que se despliega la vida de una multitud de personas que no pecaron actualmente, sino que tan sólo han sufrido las consecuencias del pecado de quien les precedió. Esta situación se encuentra vinculada al modo en que se cumplió la pena del pecado y, en último extremo, al singular designio divino por el que decidió llamar en un sólo hombre a todo el género humano.

En este sentido Tomás de Aquino se pregunta si conviene a la naturaleza divina infundir el alma a un cuerpo por el cual ésta contrae la mancha del pecado original[6]. Su respuesta en el *Scriptum super Sententiis* se basa en la consideración del orden de la naturaleza. El bien del universo –en el que se incluye también la naturaleza espiritual–, es superior, afirma, al bien de una cosa particular y de una determinada naturaleza. Eliminar la multiplicación del género humano hubiera redundado en perjuicio del universo. Además, corresponde al orden natural que si se quita lo añadido posteriormente permanezca lo que había anteriormente.

> "La bondad natural preexiste a toda bondad sobreañadida, adquirida o concedida gratuitamente; por lo que, substraída aquella bon-

---

5. Cfr. *S. Th.*, II-II, q. 85, a. 1, co.
6. Cfr. *In II Sent.*, d. 32, q. 2, a. 2.

dad que Dios había otorgado gratuitamente a la naturaleza humana, o sea, la justicia original, no conviene al orden que instituyó la
sabiduría divina que se cambiara nada de lo que corresponde a la
bondad natural; y principalmente (*praecipue*) permaneciendo en la
naturaleza la facultad para recuperar lo que había perdido o algo
más excelso"[7].

Parece que aquí Tomás de Aquino no desdeña la posibilidad
—meramente hipotética— de que la primera pareja humana hubiera
engendrado una descendencia sin la gracia, puesto que separa el
problema de la existencia de una descendencia que naciera sin la
justicia original de la posibilidad de recuperar la gracia, que es el
principal de los bienes perdidos. A la objeción de que en este caso
el hombre estaría abocado sin culpa propia al infierno (o sea, a la
carencia de la visión de Dios), Tomás de Aquino responde que por
el pecado original tan sólo se priva de algo que no es debido en
modo alguno al hombre, pues la pena original no quita nada de lo
que corresponde a la naturaleza. Mientras que lo injusto sería que
mereciera una pena que también afectara a la naturaleza según sus
principios naturales sin culpa propia[8].

Pero, en cualquier caso, lo que se considera en esta ocasión es
la realidad tal como se da de hecho. Conviene tener esto en cuenta
para no extrañarse de esta explicación. Además, puesto que se trata
solamente de la transmisión de la naturaleza, no parece imposible
admitir que los protoparentes la hubieran transmitido a personas
no llamadas al orden de la gracia. Sin embargo, no ocurrió así, y
la descendencia de aquellos seguiría llamada a la bienaventuranza

---

7. Cfr. *Ibidem.*
8. Cfr. *Ibidem.*, arg. 2 et ad 2. Recordemos que, para Tomás de Aquino
sólo es dolorosa y frustrante la pérdida de un bien que se ha podido y aun debido conseguir.

sobrenatural. Lo que en adelante cambiará es el cauce por el que esta llegará y la repercusión que tendrá en la naturaleza humana.

Parece oportuno señalar que la argumentación tomista refleja de nuevo con claridad la independencia de la naturaleza respecto de la gracia, es decir, la convicción de que se trata de órdenes diferentes. Pero ahora nos interesa detenernos ante todo en el modo en que la situación de Adán se transmitió a su descendencia, intentando explicar este asunto a la luz del misterio de Cristo, que es, como hemos visto, el que explica en último extremo la conveniencia de que los primeros hombres hayan tenido una descendencia.

A juzgar por el relato bíblico, Adán y Eva, tras desobedecer a Dios, debían morir. Nada parece impedir que la decisión tomada por ambos se hubiera convertido en irrevocable al aplicarse inmediatamente la pena. Y parece que esto es lo que cabría esperar según el relato bíblico si al hombre no se le hubiera dado la posibilidad de volver a él, es decir, si no se le hubiera concedido la posibilidad de convertirse. En efecto, dado que la vida terrena del hombre es un estado de vía hacia el término, no parece que pudiera tener ningún sentido prolongarla si la decisión acerca de su destino hubiera sido definitivamente tomada.

Pero la condición temporal del hombre hace que su decisión no sea necesariamente irrevocable, y sobre esa base Dios promete una intervención salvadora. Esta parece, en último extremo, la explicación de que la muerte anunciada no fuera inmediata y, por tanto, también de que el género humano se propagara. De hecho, Dios anuncia que la salvación se deberá a la descendencia de la mujer. De modo que la generación humana sigue formando parte del designio divino, aunque ahora de un modo distinto.

Por otra parte, la dilatación de la vida humana, afectada ya por la muerte, que anida como posibilidad constante en su naturaleza, y que empieza, según Santo Tomás, a hacer sentir inmediatamente sus efectos[9], aparte de permitir que esa descendencia entre en escena, sirve al hombre para experimentar su miseria sin la ayuda de Dios, ofreciendo con ello un remedio a la culpa.

Al preguntarse por qué Dios no se encarnó desde el principio del género humano, Tomás de Aquino responde del siguiente modo:

"(…) Puesto que la obra de la encarnación se dirige principalmente a la reparación de la naturaleza humana mediante la abolición del pecado, es manifiesto que no fue conveniente que Dios se hubiera encarnado desde el principio del género humano, antes del pecado (...). Pero tampoco fue conveniente que Dios se encarnara inmediatamente después del pecado. En primer lugar, por la condición del pecado humano que procedió de la soberbia; por lo que el hombre debía ser liberado de tal modo que, humillado, reconociera que necesitaba un liberador. Por eso acerca de Gal 3, 19: *Ordenada a través de ángeles en la mano del mediador*, la Glosa dice: *En virtud de un gran designio se estableció que, tras la caída del hombre, no se enviara inmediatamente el hijo de Dios. Pues dejó Dios antes al hombre con libertad de juicio, en la ley natural, para que así conociera las fuerzas de su naturaleza. Al mostrarse incapaz, recibió la Ley. Y otorgada ésta creció la enfermedad, no por culpa de la Ley, sino de la naturaleza, para que así, una vez conocida su enfermedad, clamara al médico, y buscara el auxilio de la gracia*"[10].

Esta primera razón que ofrece Santo Tomás engarza perfectamente con la descripción del pecado original que hemos visto en el capítulo precedente. El hombre es abandonado a sus propias fuerzas para que experimente su debilidad, la impotencia de su

9. "(...) Como Agustín dice (..), aunque los primeros padres vivieran muchos años después, comenzaron a morir en ese mismo día en el que recibieron la ley de la muerte, porque envejecerían". *S. Th.*, II-II, q. 164, a. 1, ad 8.

10. *S. Th.*, III, q. 1, a. 5, co.

vida al margen de Dios. Esto se puede entender como un designio amoroso sólo si tenemos en cuenta que el destino para el que fue creado supera absolutamente sus fuerzas naturales. Por eso, la debilidad del hombre no desdice de la bondad y omnipotencia de Dios. Antes bien, los mismos defectos naturales, su debilidad, se deben ver, ya antes del pecado, como una llamada a apoyarse en Dios. El hombre, a diferencia del ángel, no sólo tiene una necesidad ontológica de Dios. Ciertamente, al igual que el ángel, el hombre sólo puede existir en virtud de la acción creadora de Dios. Pero este último, a causa de sus defectos naturales, tiene también, de acuerdo con lo que hemos visto, una exigencia «existencial» de la ayuda de Dios aun en el orden natural.

En el estado original la providencia le confortaba y rodeaba con su protección otorgando un estado de serenidad y continuidad con la naturaleza. El destino sobrenatural se anticipaba de tal modo que la vida humana era una pacífica maduración en orden a la definitiva comunión con Dios. Sin embargo, tras el pecado, Dios modifica el modo en que lo sobrenatural se anticipa en la tierra. Ahora, en virtud de la culpa de soberbia de quien estaba constituido en cabeza, la necesidad existencial de Dios se hace más patente, se convierte en una exigencia.

En palabras de Lewis, se puede decir que "Dios nos susurra en el placer, habla en nuestra conciencia, pero grita en nuestro dolor: es su megáfono para despertar un mundo sordo"[11]. Puesto que el hombre no fue capaz de dirigirse a Dios que le susurraba en el placer del paraíso, Dios interviene de un modo más violento. Visto de este modo, el castigo del pecado aparece como una pena medicinal.

Se puede decir, por tanto, que la respuesta divina ante el pecado, no sólo no significa un abandono de la criatura, sino que se

---

11. *Op. cit.*, p. 74.

traduce en un aumento de la intensidad con que, en la naturaleza humana, resuena la vocación a un destino que la trasciende absolutamente.

Así pues, la privación de la gracia, que es el primer efecto del pecado, no conlleva siquiera un cambio de destino del hombre y de su descendencia. Esto hubiera significado un cambio de planes por parte de Dios, una destrucción de su intención originaria y, junto a ello, un cambio en la realidad humana. No es lo mismo una criatura destinada a la participación de la vida divina que una que no lo está. En realidad, se podría hablar, contemplando ese cambio hipotético, de un cambio de identidad en la criatura. Y esto, no porque cambiara la naturaleza en cuanto tal –que, para Tomás de Aquino parece susceptible de un estado «puro»–, sino porque lo que está en juego es la identidad misma de las personas que comparten esa naturaleza. Pues la identidad personal del hombre no puede ser separada de su cumplimiento definitivo. El hombre no es definitivamente quien es hasta que no llega adonde Dios quiere que llegue, y aun lo que es antes de alcanzar su destino depende en último extremo Dios.

Esto se aplica en primer lugar a Adán y Eva. Pero en Adán, como cabeza del género humano, a la llamada creadora que Dios le dirige, se añade también la que Dios dirige a toda su descendencia. El papel de Adán como transmisor de la gracia no es idéntico a su papel como transmisor de la naturaleza. Adán no tiene la gracia por naturaleza. En último término su papel como transmisor de la gracia a todo el género humano se explica desde el primer momento, si nos atenemos a los principios tomistas, como dependiente de la encarnación del Verbo.

La gracia es desde el principio distinta de la naturaleza. Pero, por el hecho de que en Adán Dios llama de algún modo a todos los hombres, su caída tiene consecuencias para su descendencia también en el orden de la gracia. Adán ahora ya no transmite mediante la generación la gracia junto con la naturaleza. Aunque sí transmite la llamada al destino sobrenatural. Y de nuevo esto sólo se explica en virtud de su papel subordinado a la futura encarnación.

Así pues, la condición de posibilidad de que la culpa de Adán tenga efectos perniciosos sobre sus descendientes se encuentra precisamente en esta diferencia entre el orden de la naturaleza y el orden de la gracia. A ella debe atribuirse la especial relación del primer hombre con su naturaleza. Pues la generación –que es el acto de la naturaleza en cuanto tal[12]– no hubiera podido tener ningún influjo sobre la gracia –ni como transmisora de ella ni como medio de llamada de las personas al fin sobrenatural– sin un designio especial de Dios, al margen del orden natural. Puesto que se trata de órdenes distintos, Dios puede hacer que la gracia y la naturaleza sigan también caminos distintos.

Esto explica que la situación de quienes provienen de la primera pareja humana, que, en principio, puede parecer injusta, no lo sea en modo alguno. Pues para ellos, no se trata simplemente de pagar las consecuencias de una culpa que no han cometido, sino más bien de experimentar de un modo más patente lo inmerecido del don que se les ofrece. Así, la participación en un destino de pecado y muerte no comporta respecto a la persona individual injusticia, sino que representa ante todo un marco distinto en el que se entabla la relación sobrenatural con Dios. Y esto, hasta tal punto, que incluso cabe referirse a la culpa que la ha originado –así

---

12. Cfr. *In II Sent.*, d. 31, q. 1, a. 1. Allí se lee "la relación del pecado personal respecto al acto de la persona es la misma que la del pecado de la naturaleza al acto de la naturaleza. Pero el pecado personal, es decir, actual, es causado por el acto de la persona. Luego también el pecado de la naturaleza, es decir, el pecado original, es causado por el acto de la naturaleza. Pero el acto de la naturaleza es el acto de la generación, por el que se salva la especie. Luego por el acto de la generación pasa a nosotros el pecado original" (sc 2).

lo hace la liturgia pascual– como *felix culpa*, pues la permisión por parte de Dios de la desgracia ha redundado a la postre en beneficio.

Junto con ella, para la descendencia del primer hombre, la privación de la gracia, que es imprescindible para alcanzar el único destino al que está llamado –único destino porque una es la persona–, muestra la suprema libertad de Dios a la hora de comunicarse al hombre. La gracia aparece ahora en su independencia respecto de la naturaleza, hasta el punto de que el hombre, aun necesitándola según el designio de Dios para él, llega a la existencia sin tenerla asegurada.

3. La dualidad insuperable Adán-Cristo

Hasta ahora en nuestra explicación ha ocupado un lugar importante la figura de los primeros padres del género humano, y, en particular de Adán. La razón de concederle esta importancia se debe al intento de atenernos a la visión tomista de la redención. Ahora bien, en la teología actual la centralidad de Cristo en la especulación teológica deja en la sombra a quien es su figura anticipada. Además, es cierto que, en el estado actual de la historia de la salvación, Adán ha quedado absolutamente en segundo lugar. De hecho, a pesar de que, en él, como un eco de lo que estaba por venir, ha resonado por primera vez la llamada de todos los hombres a la comunión con Dios, Dios mismo, desde el momento posterior a la caída, ha desplazado la atención de la humanidad hacia aquel de quien éste era tan sólo figura. Por eso, a pesar del importante papel que le había sido asignado en los orígenes, Adán ya no ocupa un papel activo en la comunicación de la gracia. De hecho, para nosotros su personalidad misma parece haberse oscurecido. Su papel en la doctrina cristiana es en la práctica meramente explicativo. Y es que la cabeza ya no es él. Y, además, sólo en virtud de ese desplazamiento hemos sido redimidos.

Pero esto no elimina el interés metodológico de Santo Tomás por su figura. Por una parte, estudiar el estado original permite comprender de modo adecuado en qué sentido la redención es una recapitulación. Un tratamiento insuficiente de la culpa original presenta el peligro de desconocer el carácter redentor de la misión de Cristo. Pero de este modo, también el cómo de la redención se hace ininteligible. Además, los estudios dedicados por Tomás de Aquino al estado original y a la culpa constituyen una mediación entre la enigmática antropología del hombre caído y lo que acerca del hombre se nos revela en Cristo. Algo que se debe tener en cuenta a la hora de acercarse a la antropología tomista, pues algunas de sus indicaciones más interesantes acerca de la naturaleza humana aparecen en ella. Sólo al estudiar la naturaleza en su estado adámico aparece con claridad aquello a que remite el dolor de la existencia en el estado presente. Porque, efectivamente, el dolor presente no remite tanto a nuestro estado definitivo, a la culminación escatológica de la naturaleza humana, como a aquello que nos correspondía en el inicio.

En último extremo, me parece que a esta dicotomía Adán-Cristo que nos vemos obligados a aceptar, subyace de nuevo la importante dimensión de la redención a que nos referíamos en el principio de este capítulo. Se trata de que la *redención supone al hombre*. La Encarnación del Verbo no se puede explicar totalmente como una decisión de Dios de manifestarse *ad extra*, porque la razón de esa manifestación *ad extra* no tiene ningún interés para Dios si no se supone su decisión de hacer partícipes a *otras personas creadas* de su vida.

En concreto, Tomás de Aquino está convencido de que la Encarnación como manifestación de Dios se encuentra unida en el designio de Dios a la redención de la culpa. No es, por tanto, sólo *propter nos homines*, sino, desde el primer momento, también *propter nostram salutem*. Dios quiere encarnarse desde el inicio de su proyecto creador respecto del hombre, porque prevé el pecado del hombre; quiere manifestarse a través de la asunción sobre sí del misterio del mal, en beneficio de una criatura descarriada. El designio de Dios es mostrar su misericordia a través de la debilidad de su criatura. Se trata de un misterio difícil de penetrar, pero para Tomás de Aquino se trata de un misterio central.

De hecho, Tomás de Aquino parece que se ha ido haciendo cada vez más consciente de la prioridad de Cristo en el designio creador de Dios, hasta llegar a sacar consecuencias que, a primera vista, pueden parecer sorprendentes.

Así, por ejemplo, en la *Summa Theologiae*, al preguntarse si Adán tuvo fe explícita en Cristo, dice que lo que pertenece propia y esencialmente al objeto de la fe es aquello mediante lo cual el hombre alcanza la bienaventuranza. Pero, mientras que en las cuestiones disputadas *De veritate*, había explicado la fe del hombre antes de la caída como una fe "en la providencia divina, es decir, en el sentido de que creían que Dios proveería en todas las cosas necesarias a la salvación para aquellos que le aman"[13], en la *Summa* responderá de un modo distinto. Su argumentación parte en esta ocasión del principio de que el misterio de la encarnación debió ser creído por todos, aunque de diverso modo según la diversidad de tiempos y personas. Supuesto esto, Adán −afirma− tuvo conocimiento explícito de la Encarnación del Verbo. Ahora bien, la diferencia respecto del estado actual es que, puesto que el hombre no conocía su futura caída, sólo creía en él en cuanto que se ordenaba a la consumación de la gloria y no a la liberación del pecado. Así que el hombre, en el principio, antes del pecado, está orientado

---

13. *De ver.*, q. 14, a. 11, co.

hacia Cristo de tal modo que no puede llegar a la consumación de la gloria sin conocerlo.

Pero quizá lo más sorprendente es el apoyo de la Escritura que se aduce. Se trata de la estructura esponsal del ser humano, que es sacramento de Cristo y de la Iglesia, sacramento cuyo significado, piensa Tomás de Aquino, Adán no podía ignorar[14].

Por tanto, para Santo Tomás, no sólo el hombre ha sido creado en Cristo desde el primer momento, sino que desde el primer momento ha estado conscientemente orientado hacia Él. El paso del tiempo, sin embargo, irá delineando ante la humanidad los rasgos de su cabeza, respecto de la cual Adán será secundario, pero a cuya definición "contribuirá" con su pecado. Ahora el principio de la gracia tendrá que ser principio de redención.

El razonamiento de Tomás de Aquino no se detiene ante el carácter misterioso del designio de Dios que supone. Pero en esta declaración se muestra de un modo acabado el modo en que concibe la centralidad de Cristo en la creación en armonía con su opción por hacer depender la Encarnación del pecado. De hecho,

---

14. Este es el texto en que lo explica: "pertenece propiamente y por sí al objeto de la fe aquello por lo que el ser humano alcanza la bienaventuranza. El camino para llegar a ella es el misterio de la encarnación y la pasión de Cristo, pues se dice en Hch 4, 12: *No se ha dado otro nombre a los hombres en el que podamos salvarnos*. Por lo tanto, el misterio de la encarnación debió ser creído de algún modo en todo tiempo por todos, pero de modo distinto según la diversidad de tiempos y de personas. Pues antes del estado de pecado el hombre tuvo fe explícita sobre la encarnación de Cristo en cuando que se ordenaba a la consumación de la gloria, pero no en tanto que se ordenaba a la liberación del pecado por la pasión y la resurrección, ya que el hombre no preveía su futuro pecado. Pero parece que sí previó la encarnación de Cristo ya que se afirma: *Por esta razón dejará el hombre al padre y a la madre y se unirá a su mujer*, como se dice en Gen 2, 24; y esto dice ser el apóstol *sacramento grande en Cristo y la Iglesia*, un sacramento que no resulta creíble que el primer hombre haya ignorado" *S. Th.*, II-II, q. 2, a. 7, co. Cfr. *Ibidem.*, ad 2; q. 174, a. 6 y a. 4, ad 3.

en esta exposición el problema parece definitivamente desplazado. Ya no se trata de saber si Cristo se hubiera o no encarnado si el hombre no hubiera pecado, sino de la transcendencia de la gracia que nos viene a través de él respecto a cualquier condicionamiento humano.

Por otra parte, la afirmación de esa transcendencia es la que elimina de raíz la tentación de atribuir a Dios la culpa de una situación desgraciada en que nuestra libertad personal no ha tenido parte. Nuestra desgracia ha sido absorbida por la majestad soberana del Dios hecho hombre, que otorga un sentido incluso a la impotencia humana para dirigirse a Dios, porque la hace ocasión de manifestar su amor misericordioso.

4. El pecado original como manifestación de la libertad de Dios

Podemos intentar profundizar un poco más en los beneficios que se derivan del cambio operado a causa del pecado. Antes del pecado, la continuidad entre la gracia y la naturaleza manifiesta la bondad de Dios, pero deja en la penumbra la libertad de Dios. La bondad de Dios aparece de tal modo resplandeciente en la Creación originaria que puede parecer que Dios no pudiera comportarse de otro modo que como lo hace, que no puede negar ningún don a la criatura. A este respecto, Santo Tomás apunta que Adán pensó incluso que el pecado que cometía era fácilmente remisible[15]. En cualquier caso, la respuesta de Dios muestra la gravedad

---

15. "(…) El hombre no consideraba la divina misericordia hasta el desprecio de la divina justicia, que es lo que corresponde pecado contra el Espíritu Santo; sino que, como dijo Agustín en el libro XI *Super Gen. Ad litt.*, sin experiencia de la divina severidad, creyó que aquel pecado era venial, es decir, fácilmente remisible". *S. Th.*, II-II, q. 163, a. 4, ad 3.

del pecado. Pero la gravedad del pecado estaba destinada a ser el negativo para comprender lo inmerecido del don rechazado. Con ello lo que se hace más manifiesto es la libertad de Dios al conceder ese don, su gratuidad. Sin embargo, la libertad soberana y transcendente de Dios no deja en suspenso la libertad humana. Por el contrario, parece, más bien, que la mayor manifestación de la libertad de Dios en la historia suscita una más profunda manifestación de la libertad humana. Ahora la tarea del hombre no sólo se va a desarrollar en el ámbito del mundo, sino que se las tiene que ver con la gracia misma.

Como veíamos, el hombre es una criatura espiritual que necesita de la ayuda de Dios, no sólo en el orden de la naturaleza, sino también en el desenvolvimiento mismo de su existencia. Ahora esa indigencia se mostrará de un modo más agudo, puesto que el hombre se confronta en su existencia terrena con el misterio mismo del pecado. Y esto, no sólo como una lucha contra las potencias maléficas, sino también en la medida en que experimenta que el mal anida en su corazón. La liberación del pecado, como modalidad actual de la conversión a Dios no se da sólo de modo instantáneo, sino que ocupa de lleno la vida entera. El hombre experimenta de este modo una y otra vez la necesidad de la intervención divina que le ofrece inmerecidamente su gracia.

5. La visibilización de la gracia

Por otra parte, el desplazamiento del cauce de la gracia a que hemos aludido va unido a la progresiva «visibilización» de la misma. Dios promete una salvación que ya no se deduce de la acción natural del hombre, sino que se añade a ella. La comunicación de la gracia desplaza su centro desde la naturaleza, en la que antes se insertaba pacíficamente, hacia lo que poco a poco se va configurando como un orden sacramental, que manifiesta visiblemente la realidad de la sobrenaturaleza.

Un caso claro de esto es lo que ocurre respecto de la comunicación primaria de la gracia al hombre. En el designio original, ésta se comunica a través del acto mismo de la generación. La descendencia de Adán y Eva hubiera nacido en comunión con Dios por el mismo hecho de ser engendrada. Sin embargo, tras el pecado, la naturaleza deja de ser el medio de comunicación de la gracia. A partir de entonces la gracia llega por un camino diverso, que requiere entrar en la órbita de una acción salvadora de Dios que se hará efectiva en el futuro.

Este estado de cosas guarda una conexión con la naturaleza de la culpa original del hombre. El pecado consistió en la pretensión de buscar la felicidad definitiva, que todavía no se poseía, con las propias fuerzas naturales, despreciando la ayuda de Dios. Por eso, Dios abandona al hombre a sus propias fuerzas para que experimente en adelante su impotencia. Para Adán y Eva, el castigo, unido a la posibilidad de conversión era claramente medicinal. El hombre se ve confrontado con su propia «desnudez», no sólo en el sentido de privación de un vestido que cubra su vergüenza, sino con sus propios defectos naturales. Y esto no es sino una invitación más perentoria para convertirse a él, que puede hacerle bienaventurado.

Por otra parte, el desplazamiento del orden de la gracia respecto a la naturaleza se corresponde con la aparición visible y objetiva de ésta en una Persona que comparte nuestra naturaleza. Tras el pecado el hombre se encuentra inclinado hacia lo sensible. La exigencia de visibilidad de los medios de la gracia se corresponde con esa condición[16]. A su vez, el carácter extrínseco de esos signos se corresponde con que Cristo es un hombre entre los hombres.

---

16. "Es tal la condición del hombre que para captar lo espiritual e inteligible debe ser llevado a través de los sentidos". *C. G.*, IV, c. 56. Esta condición

Antes del pecado, la participación de la gracia, si bien se debía a Cristo, no formaba parte de la vida del hombre del mismo modo que en el estado actual. Su enraizamiento en la naturaleza humana se parecía más al modo en que se da en los espíritus puros. En efecto, se comunicaba a la persona a través de su alma desde el momento en que era engendrada y, por tanto, no había ningún cauce objetivo y separable por el que entrara en la vida humana.

Esto es posible porque el hombre comparte su naturaleza espiritual con los ángeles. Pero, si lo es y de hecho se da en este modo en la existencia paradisiaca, no resulta del todo clara la necesidad de que la consumación de la gloria se dé a través de la encarnación del Verbo. En el estado primitivo, podría parecer que la criatura humana puede prescindir de ella.

Es más, el mismo pecado del hombre consiste, de algún modo, según Santo Tomás, en un intento de asemejarse a los ángeles, pues se pretende tener la plenitud de la ciencia por naturaleza. ¿No podemos ver en esto un olvido o menosprecio de la dimensión sensible que le es propia? El paraíso, siendo una situación sumamente apropiada al hombre, puede ser la ocasión de que éste desconozca su naturaleza, y de que se proponga unas metas que no le corresponden a despecho de la verdadera dignidad a la que este estaba llamado. Dios quería comunicarse a la criatura de una forma visible compartiendo con ella su naturaleza. La humildad de su condición tenía como extraordinaria compensación el destino de ser asumida por el Verbo. Y esto, siguiendo la exposición de Tomás de Aquino, Adán lo sabía. Lo que no sabía, en cambio, es que este designio sólo se iba a llevar a cabo de hecho como reparación de su negativa a permanecer dentro de los límites establecidos por Dios.

pertenece de suyo a la naturaleza humana, pero se agrava hasta constituir un impedimento, tras el pecado como fruto de la *conversio ad creaturas* y por la ineptitud natural de alcanzar el destino sobrenatural.

En resumen, podemos decir que el pecado es, en la historia de la salvación, el desencadenante de este desplazamiento de la comunicación de la gracia desde la mente al cuerpo, es decir, de la progresiva visibilización de la gracia. Se trata de una posibilidad que no era necesaria antes de él, pero que, de no realizarse, hubiera dejado inéditas las potencialidades ínsitas en la dimensión corpórea y sensible del hombre.

Pero de este modo se ve también cómo el desplazamiento descrito no implica prescindir de la naturaleza humana. Por el contrario, Dios consigue, con el nuevo orden de cosas, corroborar la naturaleza humana en aquello que le es más propio. La comunicación de la gracia se desplaza a su condición social y al ámbito simbólico, es decir, a la cultura como *continuatio naturae*, con lo que, una vez más, se corrobora el carácter sobreañadido y diferenciado de la gracia respecto a la naturaleza. Dios no destruye la naturaleza ni siquiera cuando quiere mostrar la impotencia de esta cuando queda abandonada a sí misma.

6. El papel de la muerte en la visibilización de las realidades divinas

La misma muerte entra en esta economía de la visibilización de las realidades sobrenaturales. Esta es, en efecto, el modo en que se hace visible la separación del hombre respecto de Dios. La muerte pasa a ser por naturaleza la imagen del pecado como separación de Dios. El hombre muere porque ha pecado. Pero, al mismo tiempo, el pecado como separación de Dios se hace visible para la criatura en virtud de la muerte corporal. De ahí que la muerte sea la imagen adecuada de la condenación eterna, de la «muerte segunda» y definitiva.

Esto es a su vez congruente con el hecho de que, en el estado de justicia originaria, el hombre no tuviera que morir. La exención de la muerte solo consistía en que esta no era necesaria. Tras el pecado la muerte revela al hombre algo acerca de su estado.

Este es un claro ejemplo de cómo la naturaleza puede ser aprovechada por Dios para revelarse al hombre. Ya antes de la caída la muerte es una pieza de la revelación pues sirve para señalar las consecuencias del pecado. Pero tras ella lo es de otro modo. La diferencia no está en que la naturaleza humana haya cambiado, sino en el modo en que se experimenta en la propia existencia la caducidad del cuerpo en la vida presente, y, por tanto, se comprueba que esta no puede ser la definitiva.

Tras el pecado la muerte se convierte en ley inexorable. El hombre ya no puede no morir. Desarrollando el paralelismo que hemos establecido entre el pecado y la muerte, se puede ver que de este modo se hace sensible la incapacidad en que se encuentra para volver a Dios con sus fuerzas. La gracia ya no está en su mano, ya no pertenece de entrada a su vida, sino que tiene que recibirla a lo largo de ésta.

Al mismo tiempo, la muerte es una posibilidad que acecha en todo momento de su existencia. De este modo se convierte en un símbolo de la inminencia del juicio de Dios. El hombre debe ser juzgado, pero en el estado actual el juicio viene de fuera, desde el exterior, y sin que pueda ser previsto. La vida ya no es un pacífico proceso de maduración. O, al menos, ese proceso ya no es visible, sino que se da en lo oculto y misteriosamente: "vuestra vida –dirá San Pablo– está escondida con Cristo en Dios"[17].

Por otra parte, la mortalidad se experimenta en todas los defectos y penurias de la naturaleza humana, que son como un anticipo de la pérdida definitiva de nuestra vida a la que nos encontramos abocados desde el nacimiento.

---

17. "¡Pues estáis muertos, y vuestra vida está escondida con Cristo en Dios!". *Col* 3, 3.

La muerte, alojándose en la vida como posibilidad indefectible, hace visible que la gracia no está en nuestra mano. Lo que desde un principio era así por la misma naturaleza de las cosas, ahora se hace patente. Nadie es dueño de su vida sobrenatural como nadie es tampoco dueño de su vida terrena.

Este es un claro ejemplo de cómo Dios emplea de diversos modos la naturaleza humana para revelarse al hombre. Esto es posible porque desde el principio la naturaleza humana estaba destinada para ser el lenguaje de la revelación. Sin embargo, el uso de ese lenguaje por parte de Dios no la modifica. Lo sobrenatural siempre se encuentra por encima de la naturaleza y, por así decir, desde ahí la llena de sentido. Pero esto no quiere decir, que la naturaleza no tenga de suyo una consistencia propia. Tomás de Aquino lo afirma y supone una y otra vez en sus escritos. La naturaleza humana no tiene que esperar para ser lo que es a que le sea otorgada la gracia. Tiene sus leyes propias y su propio significado al margen de ella. Ahora bien, la referencia a lo sobrenatural dota de sentido incluso a los diversos estados existenciales en que puede encontrarse y en los cuales se despliegan unas u otras de sus virtualidades positivas o negativas.

Por todo ello parece que la pregunta de por qué la naturaleza humana ha sido elegida por Dios como manifestación creatural del Verbo no se puede responder del todo. Podemos, en todo caso, dar algunos argumentos de conveniencia, pero, debido al profundo hiato entre cualquier naturaleza y la gracia, no se puede atribuir con exclusividad a ninguna naturaleza creada la aptitud para que Dios se revele a través de ella asumiéndola.

En consecuencia, Dios, al asumir una naturaleza, asume un lenguaje adecuado, pero, de ninguna manera estamos capacitados para decir si es el único adecuado. Y, ni siquiera parece que podamos dilucidar si la naturaleza humana es como es en todas sus dimensiones, porque Dios la crea como cauce de esa manifestación.

Esto se encuentra fuera de nuestro alcance e intentar resolverlo lleva a oscurecer su realidad objetiva y separable, la autonomía que creaturalmente corresponde a cualquier naturaleza, y, en concreto, a la naturaleza humana.

En este sentido, Tomás de Aquino, a la hora de hablar del hombre como imagen de Dios, insiste en que esa imagen se da ante todo en cuanto al espíritu[18]. Y, si esa imagen se da también en el cuerpo, antes que nada se debe considerar en la medida en que se trata de un cuerpo coherente con el espíritu y adecuado a él.

De nuevo nos encontramos ante la convicción fundamental de Santo Tomás de que la única imagen adecuada de Dios es el Verbo, que, siendo de la misma naturaleza que el Padre, se encuentra en el seno de la Trinidad. Las criaturas espirituales son imágenes porque son un cierto reflejo de aquél en virtud de su condición de criaturas intelectuales. La naturaleza humana es una naturaleza creada y, por tanto, de suyo, no tiene aptitud natural para revelar adecuadamente a Dios a no ser que el Verbo mismo la asuma con ese fin, es decir, salvo supuesta la encarnación y sólo en virtud de ella.

A la hora de plantear las razones de conveniencia –y no de exigencia– para que el Verbo asumiera la naturaleza humana, Santo Tomás expone dos. En primer lugar, en razón de su dignidad, pues se trata de un ser espiritual capaz de alcanzar a Dios con sus operaciones. Y, en segundo lugar, hay una razón de necesidad. El hombre se encontraba en una situación de pecado, y, a diferencia del ángel cuya transgresión era irreparable, el hombre admitía ser redimido[19]. En otro lugar expone otra, aparte de la razón de necesidad, por la que es más conveniente que Dios asumiera la natu-

---

18. "Dios mismo para sí puso en el hombre la imagen espiritual". *S. Th.*, I, q. 93, a. 1, ad 1.

19. Cfr. *S. Th.*, III, q. 4, a. 1, co.

raleza humana que la angélica: porque en éstos a cada naturaleza sólo corresponde una persona, mientras que, en la naturaleza humana, como decíamos, muchas personas pueden compartir una sola naturaleza[20]. De este modo el Verbo puede acompañar a sus semejantes.

7. La asunción de la muerte por parte de Cristo

Ahora conviene que nos preguntemos de qué modo la muerte es asumida por Cristo, para ver cómo influye dicha asunción en el significado que la muerte adquiere para el hombre.

A Cristo, en virtud de la unión hipostática, le corresponde la gracia por naturaleza[21]. De este modo se hace principio de gracia para todos los hombres[22]. Pero Cristo, como hemos visto, se une a la naturaleza humana para ser su redentor. En virtud de ese fin asume la pena que el hombre merecía por el pecado original para, satisfaciendo por ella, reconciliar al hombre con Dios. En su caso, por tanto, la pena es meramente satisfactoria, es decir, voluntariamente asumida en beneficio de otros, en virtud de la unidad que quiso compartir con ellos. Por eso no debió asumir todas las consecuencias del pecado original sino sólo las penalidades que

20. "La asunción de la criatura por Dios se dio en la persona, no en la naturaleza (…). Así pues, fue más conveniente que fuera asumida la naturaleza del hombre que la angélica, ya que en el hombre una cosa es la naturaleza y otra la persona, ya que este está compuesto de materia y forma; no en el ángel, que es inmaterial". *C. G.*, IV, c. 55.

21. Cfr. *In III Sent.*, d. 4, q. 3, a. 2.

22. "Así pues, una y la misma gracia habitual en Cristo se dice de unión, en cuanto que es congruente a la naturaleza unida a la divinidad; y capital, en cuanto que por ella se derrama en otros para la salvación; pero se le llama de la persona singular en tanto que perfeccionaba para llevar a cabo obras meritorias". *De ver.*, q. 29, a. 5.

se refieren al cuerpo[23]. La razón es que la corrupción del pecado original que llega al alma tiene razón de culpa y no de pena[24]. Y, precisamente en fuerza a su misión de redentor y de nuevo principio de la gracia, no podía tener nada que ver con la culpa[25]. Por eso debía tener la gracia y todas las virtudes y se debía excluir de él toda ignorancia[26].

En consecuencia, Cristo asume nuestra naturaleza humana compartiendo con nuestro estado todo aquello que no entorpece su misión como comunicador de la gracia perdida. Pero aun esa

23. Por eso no se trata de una pena en el sentido de pena personal infligida por el pecado propio, y tampoco una pena medicinal: "(…) si nos referimos a la pena satisfactoria que se acepta voluntariamente, ocurre que uno lleve la pena de otro en tanto que son de algún modo uno (…). Si hablamos de la pena infligida por el pecado, en cuanto tiene razón de pena, así solo es castigado por su pecado cada uno; puesto que el acto del pecado es personal. Si hablamos de la pena que tiene razón de medicina, puede ocurrir que uno sea castigado por el pecado de otro. Pues se ha dicho que el detrimento de las cosas corporales, o del mismo cuerpo, son ciertas medicinas penales para la salvación del alma". *S. Th.*, I-II, q. 87, a. 8, co. "(…) Cristo rechazó asumir las pasiones que correspondían a un defecto de ciencia o gracia, o también de virtud. Pero no aquellas que corresponden a la injuria externamente inferida" . *S. Th.*, III, q. 46, a. 4, ad 2.

24. "(…) Como el alma puede ser sujeto de culpa, pero la carne de suyo no puede serlo, lo que proviene de la corrupción del primer pecado al alma tiene razón de culpa, pero lo que afecta a la carne no tiene razón de culpa, sino de pena". *S. Th.*, I-II, q. 83, a. 1, co.

25. "El mal (…) de culpa se comete por separarse del arte de la sabiduría divina y del orden de la bondad divina. Por eso pudo ser conveniente asumir una naturaleza creada, mudable, corpórea y sujeta a la penalidad, pero no fue conveniente que asumiera el mal de culpa". *S. Th.*, III, q. 1, a. 1, ad 3.

26. "Pero las penas espirituales no son medicinales solo, pues el bien del alma no se ordena a un bien mejor. Por lo que en los bienes del alma nadie padece detrimento sin culpa propia. Y por esto también en tales penas, como dice Agustín en la *Carta a Avito*, uno no es castigado en lugar de otro: pues en cuanto al alma el hijo no es algo del padre". *S. Th.*, I-II, q. 87, a. 8, co.

asunción de los defectos meramente penales del pecado original está destinada a darles un sentido más alto[27].

El Verbo asume los defectos de la naturaleza humana voluntariamente, no por necesidad de la culpa, sino por la necesidad del fin, es decir, para llevar convenientemente a cabo nuestra redención. Pero, una vez asumidos, estuvo sometido a ellos necesariamente. Tomás de Aquino expone de qué modo haciendo algunas distinciones. Se puede hablar de una necesidad de coacción, que contraría tanto a la naturaleza como a la voluntad, que son principios intrínsecos; y de una necesidad que deriva de los principios naturales, que son la materia y la forma. Según esta última necesidad, en concreto, la que se refiere a la materia, Cristo estuvo sometido a la necesidad de morir por el beneplácito de la voluntad divina. En cuanto a la necesidad de coacción, hay que hacer, a su vez, una doble distinción. En cuanto que ésta repugna a la naturaleza corporal, Cristo estuvo sometido a ella en su pasión. En cambio, en cuanto que repugna a la voluntad, no se puede decir en absoluto que repugnara ni a su naturaleza humana ni a su naturaleza divina, sino sólo según el movimiento natural de la voluntad (*voluntas ut natura*) que huye la muerte y el daño del cuerpo, sin concretarse en un rechazo explícito según la *voluntas ut ratio*[28].

---

27. "(…) Cristo, para satisfacer plenamente por el pecado original, quiso padecer el dolor sensible, para consumar (*consummaret*) en sí mismo la muerte y otras realidades semejantes". *S. Th.*, III, q. 1, a. 4, ad 2. Nótese que el verbo *consummaret* tiene el sentido de llevar a plenitud. "Aquella capacidad de conservar el cuerpo de la corrupción no era natural al alma, sino por un don de la gracia. Y aunque haya recuperado la gracia para la remisión de la culpa y el mérito de la gloria, no, en cambio, por lo que hace a recuperar la inmortalidad perdida. Pues eso se reservaba a Cristo, por quien el defecto de la naturaleza debía ser reparado para mejor". *S. Th.*, I, q. 97, a. 1, ad 3.

28. "Así pues, de lo mismo que se dolía según el sentido, la imaginación y la razón inferior, se alegraba según el superior, en tanto que lo refería al orden de la sabiduría divina. Y puesto que referir algo a otro es la obra propia de la

Dios quiere que Cristo nos redima, no sólo compartiendo nuestros defectos, para de este modo asumirlos en la vida divina y transformarlos en expresión del Padre, sino padeciéndolos hasta el extremo de morir de muerte y muerte de cruz.

Santo Tomás explica así los efectos de la pasión de Cristo voluntariamente aceptada: "la pasión de Cristo, en tanto que se compara a su divinidad, obra a modo de eficiencia; en tanto que se compara a la voluntad del alma de Cristo, actúa a modo de mérito. En cambio, si se considera en la misma carne de Cristo, actúa a modo de satisfacción, pues por ella somos liberados del resto de la pena; a modo de redención, pues por ella somos liberados de la esclavitud de la culpa; a modo de sacrificio, pues por ella somos reconciliados con Dios"[29].

Ahora conviene detenerse en la eficiencia de la muerte de Cristo. Se trata, por supuesto, de la eficiencia que tiene la humanidad

---

razón, por eso se suele decir que la razón de Cristo rechazaba la muerte si se considera como naturaleza, pues la muerte es naturalmente odiosa; la quería padecer, sin embargo, si se considera como razón". *Compendio de Teología*, lib. 1, 232. Recuérdese que Tomás de Aquino concibe el dolor racional como el rechazo de la voluntad. Este se da de un modo consumado en el rechazo explícito, pero en este caso comporta un rechazo de la voluntad divina. Al respecto puede consultarse LORDA, J. L., "El dolor de Cristo en Tomás de Aquino", *Excerpta et dissertationibus in sacra theologia*, vol. IX, Pamplona, 1985. A este respecto el límite de la consideración tomista se encuentra en que considera el dolor intelectual como algo que atañe tan sólo a la voluntad. En cambio, en mi opinión éste se puede tratar de un modo más adecuado si se considera en la medida que afecta a la persona en cuanto tal. Lo que permite ver su dimensión intelectual. Cfr. POLO, L., *La persona humana y su crecimiento*, EUNSA, Pamplona, 1997, pp. 197 ss. Para Santo Tomás el dolor no tiene que ver con la inteligencia pues respecto a los placeres intelectuales, piensa con Aristóteles, no hay dolor contrario. En cualquier caso, este tema excede los límites de lo que aquí nos proponemos.

29. *S. Th.*, III, q. 48, a. 6, ad 3.

de Cristo como instrumento unido a la divinidad[30]. La diferencia entre la pasión y la muerte de Cristo es que en el caso de la muerte sólo ésta es posible. La razón es que, como vimos, la muerte se puede considerar *in fieri* e *in facto esse*. La primera se identifica con la pasión como proceso que lleva a la muerte, y por lo tanto también es meritoria. Pero la segunda es el estado mismo de separación del alma y el cuerpo. Puesto que para Santo Tomás no hay un acto humano de morir, en la muerte misma no puede darse mérito sino sólo eficiencia[31].

"El efecto de alguna causa se considera propiamente según la semejanza de la causa. Así que, como la muerte de Cristo es cierta privación de la vida, el efecto de la muerte de Cristo se refiere a la remoción de todo aquello que contraría nuestra salvación, a saber, la muerte del alma y la muerte del cuerpo. Y por eso se dice que por la muerte de Cristo son destruidas tanto la muerte del alma, que es el pecado, como dice Rom 4, 25, "*Traditus est*, scilicet in mortem, *propter delicta nostra*"; y la muerte del cuerpo que consiste en la separación del alma, según lo que dice I Cor 15, 54: *Absorpta est mors in victoria*"[32].

8. La muerte del cristiano

La muerte de Cristo, en virtud de la unión de su humanidad con la divinidad, que hace que se trate de la muerte humana del Verbo, opera, por tanto, una inversión del sentido de la muerte. En

30. Cfr. BOÜESSÉ, H., "La causalité efficiente instrumental et la causalité méritoire de la Sainte Humanité de Christ", *Revue thomiste* 44 (1938), pp. 256-298.
31. Cfr. *S. Th.*, III, q. 50, a. 6.
32. *S. Th.*, III, q. 50, a. 6, co.

adelante, la muerte ya no será sin más una pena del pecado, sino un medio de unirse a Cristo, que también la ha padecido.

Pero para la realización efectiva de la salvación no basta lo que una sola vez se ha obrado en Cristo, sino que es preciso que cada hombre se una voluntariamente a él para que ésta surta efecto en cada persona[33].

Mientras que al viejo Adán nos une el acto de la naturaleza (la generación), al Nuevo, Cristo, nos tenemos que unir voluntariamente, y esto se lleva a cabo por la fe y los sacramentos de la fe (*per fidem et fidei sacramenta*)[34]. Y esto en nuestra vida mortal se lleva a cabo por la unión con él en su estado pasible. De este modo el dolor y la muerte han adquirido también un sentido redentor[35].

Precisamente los sacramentos reciben su virtud de la pasión de Cristo[36]. Y estos son los que constituyen la Iglesia[37] y nos permiten el acceso a la salvación en nuestra existencia mortal, en la cual, si nos unimos a Él, pasando a formar parte de su Cuerpo místi-

---

33. "Cristo no venía a reparar la naturaleza en cuanto al acto de la naturaleza, puesto que esto tendrá lugar en la resurrección gloriosa, sino en cuanto al acto de la persona". *In III Sent.*, d. 12, q. 3, a. 2, qc. 1, sol 1.

34. Cfr. *Ad Heb.*, 10, 22 (505); 6, 2 (282).

35. "Pues es preciso que, a la inmortalidad e impasibilidad de la gloria, que es incoada en Cristo, y por Cristo para nosotros adquirida, lleguemos conformados antes por sus padecimientos. Por lo que es preciso que la pasibilidad de nuestros cuerpos permanezca, para merecer la impasibilidad de la gloria de modo semejante a Cristo". *S. Th.*, I-II, q. 85, a. 5, ad 2.

36. Cfr. *S. Th.*, III, q. 49, a. 1, ad 4; q. 62, a. 5.

37. "Pues, como por el pecado de Adán entró la muerte en el mundo, así por Cristo entró la justicia y la vida (*I Cor.* 15, 47): *El primer hombre, de la tierra, terreno, el segundo, del cielo, celeste.* Como otras semejanzas entre Cristo y Adán, por ejemplo, que, como el cuerpo de Adán fue formado sin unión carnal, el cuerpo de Cristo fue formado de una virgen. Y como del lado de Adán durmiente fue tomada la mujer, así del lado de Cristo durmiente en la cruz fluyó sangre y agua, como se dice en Jn 19, 34, que significan los sacramentos con los que es formada la Iglesia". *Super Rom*, c. 5, lect. 4.

co, nos configuramos con Él según su existencia pasible y mortal, para llegar por medio de ella a la resurrección gloriosa[38].

Mientras tanto nos dirigimos hacia la configuración definitiva con nuestra Cabeza en su humanidad gloriosa, que ahora se nos propone en su resurrección y en virtud de la cual alcanzaremos la consumación definitiva[39]. Por tanto, la reparación del hombre se hace de tal modo que nuestra unión con Dios pasa a través de su humanidad. Sólo a través de ella el hombre recibe la semejanza con Dios por la gracia que había perdido.

Pero, como hemos visto, en el misterio de Cristo los defectos y debilidades humanas cambian definitivamente de sentido. Ya no son meras limitaciones del hombre que sirven para manifestar el mal de la culpa, pues "no hay ya ninguna condenación para los que están en Cristo Jesús"[40]. Para el que está unido a Cristo el mal no es ya castigo[41], sino ocasión de crecimiento y de corredención en la medida en que une a Él y por fuerza de esa unión, respectivamente. De este modo, la muerte no está condenada a ser un trago amargo que se vive en solitario, porque ella misma se puede vivir en unión con otra Persona y en ella cobra un nuevo sentido.

La muerte continúa mostrando en el tiempo presente su faz de mal, su carácter enigmático e incomprensible. Pero ahora la razón

---

38. Cfr. *S. Th.*, III, q. 49, a. 3, ad 3.

39. "Fue preciso que la gloria de la resurrección se nos propusiera en algún ejemplar a cuya conformidad tendiéramos, y este es la resurrección de Cristo". *In III Sent.*, d. 21, q. 2, a. 2, ad 1. "La alegría de la resurrección de Cristo mueve como ejemplar desde el que nos dirigimos al fin". *In III Sent.*, d. 21, q. 2, a. 2, ad 2. "El Verbo hecho carne no es la disposición próxima a nuestra resurrección, sino el Verbo hecho carne y resucitado de la muerte". *In III Sent.*, d. 21, q. 2, a. 1, ad 2.

40. *Rom* 8, 1.

41. "Sólo el infierno es castigo del pecado. La muerte y el juicio no son más que consecuencias, que no temen quienes viven en gracia". ESCRIVÁ DE BALAGUER, J., *Surco*, 890.

se debe buscar en el carácter misterioso que tiene la revelación durante nuestra vida mortal. "Los hombres no pueden soportar demasiada realidad" (T. S. Eliot). El hombre no puede recibir la claridad definitiva de la visión de Dios en la vida presente, aunque, por ser en ella donde se lleva a cabo nuestra unión con Cristo, sea también en ella donde se forja nuestra imagen futura. Pero esa unión se lleva a cabo de un modo invisible, escondido. Y esto se corresponde con la dificultad de encuadrar en un marco teórico definitivo el problema del mal y de la muerte.

El hombre puede meditar sobre la muerte mediante una aproximación intelectual, y, haciéndolo, aprender mucho sobre la realidad humana. En esa tarea la inteligencia no puede desdeñar ninguno de los aspectos que se encuentran implicados. Pero, en último extremo, el enigma de la muerte atañe a la existencia personal de cada ser humano.[42]. Afrontar la muerte como un problema personal es el modo más adecuado de acceder a ella. Pero ni siquiera se encuentra ahí la última palabra, y es preciso aceptar siempre un reducto de misterio, que no puede ser desentrañado de este lado de la muerte, mientras la condición mortal no se ha disuelto del todo. Y esto es así porque su oscuridad se encuentra conectada con la pregunta por el «quién» profundo de cada persona, cuya respuesta debe esperar al encuentro definitivo con Cristo.

Por eso, también la aproximación existencial de la inteligencia al enigma de la muerte llega a un límite en el que se debe penetrar en silencio en el misterio. Al llegar a ese punto queda manifiesto

---

42. Hacen al caso las palabras de Kierkegaard, a propósito del problema de la inmortalidad: "Honor eruditamente a la erudición y honor a aquel que es capaz de tratar la erudita cuestión de la inmortalidad. Pero el problema de la inmortalidad no es un problema de erudición. Es un problema de la existencia íntima, un problema que cada uno ha de plantearse volviendo al interior de sí mismo". Cit. por PIEPER, J., *Muerte e inmortalidad*, Herder, Barcelona, 1970, p. 204.

que sólo en el contacto personal con Dios se abre el camino para
una solución definitiva. La última palabra sobre el misterio de la
muerte, al igual que sobre el del dolor, es de algún modo inefable
y se debe escuchar personalmente, porque remite a un destino que
no está en nuestras manos[43]. En último término, la respuesta aca-
bada a la pregunta humana por el significado de la muerte no se
puede separar de la acción por la que el Espíritu Santo transforma,
con su colaboración, a cada persona en Cristo[44].

43. Se puede, por tanto, aplicar a la muerte lo que JUAN PABLO II afirma
del dolor: "Sin embargo a veces se requiere tiempo, hasta mucho tiempo, para
que esta respuesta comience a ser interiormente perceptible. En efecto, Cristo
no responde directamente ni en abstracto a esta pregunta humana sobre el sentido del sufrimiento. El hombre percibe su respuesta salvífica a medida que él
mismo se convierte en partícipe de los sufrimientos de Cristo. —La respuesta
que llega mediante esta participación, a lo largo del camino del encuentro interior con el Maestro, es a su vez algo más que *una mera respuesta abstracta a
la pregunta acerca del significado del sufrimiento*. Esta es, en efecto, ante todo
una llamada (*Christi enim responsio est imprimis invitatio. Vocatio quidem est*)".
Salvifici doloris, 26.
44. "En efecto, el sufrimiento no puede ser *transformado* (*converti*) y cambiado con una gracia exterior, sino interior (*intrinsecus*). Cristo, mediante su
propio sufrimiento salvífico, se encuentra muy dentro de todo sufrimiento humano, y puede actuar desde el interior del mismo con el poder de su Espíritu
de Verdad, de su Espíritu Consolador". *Ibidem.*, 26.

Epílogo

Evidentemente, las páginas precedentes no pretenden ofrecer un estudio exhaustivo de la muerte. Pero, llegados a este punto podemos recoger algunos resultados y, tal vez, abrir ulteriores perspectivas.

Lo que nos ha permitido en primer lugar este sucinto recorrido a través de la doctrina de Tomás de Aquino es comprobar la gran cantidad de temas que se encuentran conectados con el nuestro. En efecto, al estudiar la muerte se ponen en juego prácticamente todas las categorías de la teología. No puede ser de otro modo, puesto que es Cristo quien nos revela el misterio de la divinidad, y la palabra central de esa revelación es su misterio pascual, en el que, sin duda, la muerte ocupa un lugar central y decisivo.

Pero los hombres valoramos y comprendemos el sentido de la muerte de Cristo en la medida en que estamos en condiciones de valorar el relieve que la muerte tiene en nosotros. El mensaje que por este medio nos dirige el Redentor no se dirige al vacío o a una inteligencia abstracta, sino, ante todo, a quienes se ven también confrontados en su propia existencia con la realidad que, en la vida del Verbo encarnado, se hace lenguaje de Dios. En este contexto, merece la pena estudiar la naturaleza y el sentido de nuestra muerte a la luz del misterio de Cristo para ver de qué modo esta nos inserta en él.

En cuanto a nuestra naturaleza, la misma que compartimos con Cristo, la muerte aparece en primer lugar como un mal. Se trata de un mal sumo, porque por ella nos es arrebatada la vida. Esta conclusión, que es la única que hace justicia a la experiencia humana de la muerte, supone afirmar la unidad del hombre y la pertenencia de la corporalidad a su realidad personal. Pero, al mismo tiempo, es preciso mantener la espiritualidad e indestructibilidad de su alma. Además, en último extremo, sólo esta dualidad de una dimensión caduca y otra perenne hace de la muerte del hombre un acontecimiento dramático.

Pero, sobre esta consideración, la muerte es un mal que contraría de modo especial a la voluntad. Y esto, como hemos visto, se debe a su condición penal. La naturaleza, en cuanto creada y ordenada por Dios, no puede oponerse a sus designios. Y esto se aplica también a la voluntad en lo que tiene de inclinación natural al bien de la razón. Por eso, que, en nuestro estado presente, nuestros defectos naturales repugnen a la voluntad, y no sólo a la naturaleza sensible, sólo se puede explicar porque no estaban de entrada previstos para nosotros, sino que se nos infligen como pena, es decir, ya que están en nosotros precisamente porque contrarían a nuestra voluntad.

Esto exige distinguir entre la naturaleza y sus diversos estados posibles. La dificultad para aceptar la muerte remite a un estado de la naturaleza humana en que ésta se podía evitar. Siendo una posibilidad inherente a nuestra naturaleza en estado de vía, la muerte sólo se transforma en una necesidad para ella como pena infligida por Dios cuando el hombre rompió la comunión con Él. Por eso la muerte, a pesar de ser una posibilidad natural, en el modo en que se nos presenta remite al destino sobrenatural que, desde el principio, había sido asignado al hombre por Dios.

El hombre es un ser muy singular, pues no se agota ni en su dimensión sensible y material ni en su dimensión espiritual, sino que las conjuga en la unidad de su ser. Y esto repercute en el modo en que se desenvuelve en él la relación con Dios, que solo pueden entablar los seres espirituales. En todos ellos se puede distinguir la naturaleza de la gracia. Pero entre los hombres y los ángeles se da una diferencia. En el ángel la naturaleza de suyo es indefectible respecto a su fin natural. Sólo ante el destino sobrenatural que Dios puede proponerle es susceptible de error, de pecado. Por eso, sin la llamada al orden sobrenatural el ángel no podría ser viador. Ahora bien, como en toda criatura, estar llamado a un fin sobrenatural comporta no poder alcanzar el propio destino con las propias fuerzas, sino sólo dirigiéndose hacia Dios, que es quien puede otorgarlo. La prueba, por tanto, exige esencialmente el abandono y la confianza en Dios.

Sin embargo, en el hombre, la situación en que se genera, ni siquiera naturalmente puede ser definitiva. En cualquier caso, es necesario que este estado termine, y que Dios dé cumplimiento acabado a su criatura poniendo definitivamente de acuerdo sus diversas dimensiones. De este modo la llamada a un destino sobrenatural al que ninguna criatura puede estar naturalmente determinada se superpone a su condición mortal intrínsecamente viadora y defectible. Los defectos naturales del hombre exigen el recurso a Dios en todo el despliegue de su existencia. El hombre requiere la protección de Dios respecto de su vulnerable condición natural y no sólo su conservación en el ser y el obrar —como en el ángel–, lo que le lleva a tener que remitirse a Dios con un nuevo título. Y esto, a su vez, está vinculado a la índole temporal de su prueba.

Dios desde el inicio se muestra al hombre en su providencia amorosa evitando, en virtud de la gracia con que lo dota, la problematicidad de su condición natural, para que su prueba se lleve a cabo tan sólo en el orden de la gracia, es decir, el de la opción por Dios y la aceptación de que se cumpla el destino sobrenatural y misterioso que este le tiene preparado. Pero esa misma providencia se puede convertir en una ocasión de confundir lo propio con lo inmerecido. Tomás de Aquino describe la culpa original como un intento de ser feliz apoyándose en la propia naturaleza volviendo la espalda a Dios. Por eso la pena que Dios le inflige consiste en abandonarlo a las fuerzas de su naturaleza para que experimente existencialmente su indigencia.

La participación en la culpa de los protoparentes por parte de su descendencia podía plantear una objeción a la justicia divina. Sin embargo, ésta se disipa si se considera que, para cada persona, considerada respecto al destino sobrenatural, la nueva situación no es necesariamente peor. De hecho, se trata más bien de una llamada más acuciante por parte de Dios para que ésta se dirija hacia él. En efecto, con la pena se hace patente en la existencia humana la exigencia de apoyarse en Dios. Y esa exigencia remite a quien por Él ha sido constituido como su Salvador.

Tras el pecado cambia el modo en que Dios comunica la gracia. Ahora, en lugar de a través de la naturaleza, dicha comunicación se desplaza hacia el ámbito de lo sensible, y, de un modo especial, hacia lo simbólico. La gracia se visibiliza y, de este modo, prefigura la realidad independiente de la humanidad de Cristo, posibilitando, a su vez, la prolongación de su presencia en el orden sacramental. Este desplazamiento sirve también para visibilizar la distinción misma entre la gracia y la naturaleza, su condición de perfeccionamiento de esta última y su carácter de don.

Este carácter de don, ahora tan claramente expresado, exige que la gracia y la revelación no puedan ser pensadas al margen de sus destinatarios. Dios no se revelaría *ad extra* si no es en beneficio de otras personas creadas. La naturaleza no puede ser pensada como una realidad absorbida por la gracia, como un momento interno y superable de su despliegue, porque Dios sólo la crea en función de la recreación de otras personas creadas. La gracia supone la naturaleza; la redención, el pecado; Cristo, en definitiva, supone a Adán.

Dios aprovecha la nueva situación para expresar su revelación al hombre. Ahora la muerte no es sólo una realidad natural. Al aparecer como pena y contrariando a la voluntad, remite al pecado y por él al redentor: la muerte es el signo del pecado. De este modo, Cristo, asumiéndola, asume el pecado sin lo que tiene de culpa. Y de este modo la cambia de signo, transformándola en realidad redentora, por la que el hombre puede unirse a él.

En realidad, en este trabajo, tan sólo se ha esbozado en sus bases y en sus conclusiones el objetivo que nos habíamos prefijado de examinar el valor revelador que en la existencia humana tiene la muerte propia. Evidentemente, esta intención excede los límites de tiempo y extensión de un trabajo como éste. Por eso, aparte de que sería posible una mayor profundización en la misma doctrina tomista, quedan muchas posibilidades abiertas.

Una de ellas sería abordar de lleno con estas bases la perspectiva existencial respecto de la muerte que aquí tan sólo ha sido tratada de un modo tangencial. Tal vez afloren así aspectos nuevos del problema que sirven para enriquecer el enfoque eminentemente ontológico de Santo Tomás. También desde el punto de vista de la experiencia, podría ofrecer una aportación importante el estudio de los autores espirituales, y, en particular, de los místicos. Además, la muerte puede ser encarada de modos diversos por el cristiano de acuerdo con su propia espiritualidad.

Por otra parte, en este trabajo hemos topado con algunos de los límites de la exposición tomista. En concreto nos ha resultado patente la exigencia de desarrollar sus principios en algunas direcciones. En particular, me refiero a la necesidad de explicitar la diferencia y la relación entre las nociones de persona y de naturaleza. La doctrina acerca de la gracia y la redención de Tomás de Aquino gira en torno a la noción de naturaleza. Sin embargo, aun habiendo sentado las bases para un tratamiento ontológico de la cuestión, que a veces se echa de menos en los autores de inspiración personalista, ésta no está del todo desarrollada. La pregunta por qué es la persona en el orden del ser remite, en mi opinión, a una antropología transcendental que sería sumamente útil a la teología.

Por otra parte, esto es una exigencia también para poder llevar a cabo un correcto encuadre de la gracia en el contexto de la creación, es decir, de las obras *ad extra* de Dios. En mi opinión, la noción de creación está muy devaluada en algunos ambientes teológicos porque tenemos una concepción unilateral de la misma. Crear –para Santo Tomás– es dar el ser (mejor que producir un ente). Pero, evidentemente, no es lo mismo crear el universo que crear personas. Y no se trata en mi opinión de una diferencia categorial, sino transcendental. Por eso parece que se podría mantener que crear la gracia también es un sentido de la creación distinto. Pero, en cualquier caso, éste es un problema que debe ser tratado en otra ocasión.

Creación, encarnación y gracia

Publicado previamente en Miguel Brugarolas Brufau, Juan Alonso García. *Palabra de verdad y evangelio de salvación. Homenaje al prof. César Izquierdo Urbina*, EUNSA, Pamplona 2023.

1. El lugar de la doctrina de la creación en la teología y en la vida cristiana

No pocas veces se ha puesto de relieve la importancia de la doctrina de la creación en el mensaje cristiano y, por lo tanto, en la reflexión teológica. ¿Por qué es preciso recordarla? La doctrina de la creación se encuentra presente en el inicio mismo de la ordenación de escritos revelados, a modo de ineludible obertura y como clave necesaria para comprender a Dios y al hombre y la relación que entre ellos se entabla. También se encuentra en los símbolos con los que se confiesa la fe en Dios y se acepta como auténtica su revelación: "Creo en Dios Padre todopoderoso, creador del cielo y de la tierra, de todo lo visible y lo invisible". Así comienza el símbolo niceno-constantinopolitano que se usa habitualmente en la liturgia latina.

Y, sin embargo, no es evidente que la convicción de que Dios es creador se encuentre en un lugar central de la vida espiritual de los cristianos[1]. Y esto, al parecer, por buenos motivos. En efecto, la conciencia del cristiano, como no podía ser menos, se centra ante todo en el misterio de Cristo. La confesión de que Jesús de Nazaret es el Hijo Unigénito de Dios enviado a los hombres para redimirlos del pecado y hacerlos partícipes de la naturaleza divina parece relegar a la penumbra la acción creadora de Dios, como si fuera un simple requisito sobre el que no merece la pena detenerse. A fin de cuentas, con perdón de los moralistas, es el fin el que "justifica" los medios o, por lo menos, el que les otorga su auténtica significación y su pleno sentido. ¿No es el fin último de la persona humana la plena comunión con Dios? ¿No queda el *hecho* de la creación oscurecido por la gloria futura a la que, por medio de Jesucristo, nos encontramos destinados?

A esta luz, es el asombro que provoca la encarnación de Dios y la vocación que desde el principio nos dirige para que participemos de su misma naturaleza y, por lo tanto, realidades como el pecado y el perdón, la gracia y la glorificación las que adoptan sin duda el protagonismo. Por otra parte, ¿qué podemos decir de la creación? La dificultad para estudiarla directamente invita también a pasarla por alto, sobre todo teniendo en cuenta que elaborar una doctrina completa de la creación nos obliga a contar con la metafísica y a entrar en diálogo con otros saberes, incluidas las ciencias experimentales. Para esquivar las dificultades de esta em-

---

1. También en la reflexión teológica la doctrina de la creación ha experimentado en ocasiones dificultades. Cf. Sanz, S., "Creation and Covenant in Contemporary Theology: A Synthesis of the Principal Interpretative Keys", *Nova et Vetera*, vol. 12, N° 1 (2014). En el campo protestante, autores como Wolfhart Pannenberg han denunciado el peligro de interpretaciones reductivas de esta doctrina. Cf. Pannenberg, W., *Teología Sistemática*, vol. 2, UPCO, Madrid 1996, 63, nota 151.

presa siempre cabe remitirse al lenguaje de la narración, que resulta decisivo en la revelación, y a las metáforas, que, como señala el mismo Tomás de Aquino, si bien no tienen lugar en la filosofía, sí que lo encuentran en la teología[2].

Pero no podemos engañarnos. Eludir desarrollar una doctrina de la creación o pasar de puntillas sobre ella pone al teólogo ante no pocos problemas, como la dificultad de comprender adecuadamente la relación de Dios con sus criaturas y aun la pérdida de unidad del mismo discurso teológico: la creación, la encarnación y el don de la gracia, aparecen como realidades desvinculadas. De este modo, el diálogo con el saber científico se hace imposible, pero también la configuración de una visión cristiana intelectualmente desarrollada en cada uno de los cristianos, con los problemas que esto provoca para su unidad de vida y para toda su vida espiritual. La fe no conecta con la inteligencia si no somos capaces de entendernos cabalmente como criaturas.

De todos modos, la noción de creación parece tener un sentido ambiguo en el contexto de la teología cristiana. En la manualística tradicional se solía circunscribir al tratado *De Deo creante et elevante*, en el que la creación se pone en contraste y continuidad con la elevación sobrenatural[3]. En los tratados actuales, el tratado sobre la creación suele centrarse en la creación del mundo y del hombre; a veces se incluye su tratamiento en los tratados de antropología teológica, mientras que, en ocasiones, la elevación

---

2. Cf. *S. Th.*, III, q. 1, a. 10.

3. Un ejemplo clásico es el de Patres Societatis Iesu in Hispania Professores, *Sacrae Theologiae Summae* (Editorial Católica, Madrid 1955). El tomo II está dedicado a *De Deo Uno et Trino. De Deo creante et elevante. De peccatis*; en el caso de Ludwig Ott, *Manual de Teología dogmática*, Herder, Barcelona 1966, el libro segundo se dedica a "Dios creador", el libro tercero a "Dios redentor" y el cuarto a "Dios santificador", en el que se incluye como primera parte la doctrina de la gracia.

sobrenatural y la gracia son el objeto de un tratado específico[4].
Quizá debido a esta diversidad de temas conectados con la relación entre Dios, por una parte, y el mundo y el hombre por otra,
con frecuencia se echa de menos una presentación completa de
qué se entiende por creación y por criatura. Se trata de una falta
que puede dar lugar a perplejidades.

En esta ocasión, señalaré algunas de ellas, que, aunque puedan referirse en apariencia a temas muy dispares, obligan a afinar
y enriquecer la doctrina de la creación y, sobre todo, a considerar directamente qué entendemos por acción creadora y en qué
se distingue de otros aspectos de la acción divina. Teniéndolas en
cuenta, intentaré sentar algunas tesis con la pretensión de resolver
algunas dificultades y –aunque esto no depende de mí, sino de
que otros se interesen por la propuesta– suscitar un debate.

La primera dificultad deriva de la consideración de que aceptamos que Dios crea el universo material, pero también, y, sobre
todo, crea seres personales. Así, por ejemplo, al hablar sobre el ser
humano, se dice de él que es la única criatura del universo material
que ha sido querida por sí misma (GS, 24, 3). ¿Podemos atribuir,
por lo tanto, el mismo sentido de creación a la que tiene por tér-

---

4. Entre los que adoptan un planteamiento más contemporáneo, Michael
Schmaus, que define la criatura como "realidad existente fuera de Dios", dedica
el tomo II de su *Teología dogmática* a Dios creador y el tomo V a la gracia divina.
La condición creatural de la gracia o de la Humanidad de Cristo suele ser dadas
por supuestas, pero solo someramente tratada y apenas puesta en relación con
la doctrina general de la creación. Por su parte, Johann Auer dedica la cuarta
parte del "El mundo creación de Dios" a la teología de la gracia y el tomo V a
"El evangelio de la gracia". Allí dedica un apartado a la condición creatural de
la gracia. Otros autores apuntan ya en el título a la centralidad de este tema,
cf. KERN, W., MUSSNER, F., MUSCHALEK, G., "La creación como origen permanente de la salvación", en FEINER, J., LÖHRER, M. (dirs.), *Mysterium salutis.
Manual de Teología como Historia de la Salvación*, vol. II/1, Cristiandad, Madrid, 1969, 489-614.

mino el universo material no personal y a la que tiene por término a la persona humana? Es más, teniendo en cuenta que el sentido último de la creación material son las criaturas personales, ¿podemos atribuir a la creación material propiamente la condición de criatura independiente o, hablando en términos tomistas, atribuirle uno o varios actos de ser distintos de los de los seres personales?

La segunda dificultad tiene que ver con la condición creatural de la gracia. Ya la teología medieval se vio obligada a dilucidar la cuestión de si la gracia es o no una realidad creada[5]. Contra la condición creatural de la gracia contrasta la convicción cristiana de que la gracia comporta una presencia especial de Dios en el hombre. Y esto nos invita a identificar totalmente la gracia recibida con el mismo Espíritu Santo, gracia increada. Pero esta posición resulta difícilmente sostenible si nos atenemos a realidades tales como el crecimiento en la gracia y los distintos ámbitos en que nos referimos a ella: ante todo, la gracia habitual, pero también las virtudes y dones que derivan de ella, las gracias actuales, etc. Como concluyeron los teólogos de esta época, la gracia que recibimos, aunque nos une a Dios, no se identifica con él, sino que implica una repercusión real en la criatura.

La tercera dificultad tiene que ver con el ser de Cristo y el carácter creado de su humanidad. Se ha traducido, por ejemplo, en la polémica acerca del ser de Cristo. Es bien conocida la doctrina de Santo Tomás, que, a pesar de algunas ambigüedades u oscilaciones, parece inclinarse definitivamente por afirmar la unidad del ser de Cristo[6]. Pero esto no deja de presentar una dificultad

---

5. Cf. LORDA, J. L., *La gracia de Dios*, Palabra, Madrid, 2004, 196 ss.; COLZANI, G., "Dalla grazia creata alla libertà donata. Per una diversa comprensione della tesi dell'«habitus»", *La Scuola Cattolica*, 112/4 (1984), 399-434.

6. *Cf. S. Th.*, III, q. 17, a. 2; SARANYANA, J. I., "La doctrina sobre el «esse» de Cristo en los teólogos de la segunda mitad del siglo XIII", Mateo Seco, L. F. et al., *Cristo: Hijo de Dios y Redentor del hombre, III Simposio Internacional de*

dentro de su pensamiento. Si la creación es *donatio essendi*[7], si la entendemos como otorgar el ser y si la actividad existencial –su acto de ser– es la intimidad de la criatura, ¿cómo podemos sostener al mismo tiempo, como parece hacer el Aquinate, que la naturaleza humana de Cristo es creada y, al mismo tiempo, que su acto de ser es el de la segunda persona de la Trinidad?[8] Dicho de otro modo: no parece que pueda haber humanidad creada de Cristo –real, por tanto, pero distinta de Dios– si no es en algún sentido destinataria de una acción creadora y, en consecuencia, si no ha recibido el ser en algún sentido. Ahora bien, en ese caso, ¿por qué no se trata, como en el resto de los seres humanos, de una persona creada?

Los tres temas que he desplegado pueden parecer demasiado heterogéneos para tratarlos conjuntamente, más aún en un texto sobre la doctrina de la creación. Sin embargo, mi aportación consiste precisamente en proponer una visión de la creación que permita mostrar su unidad. No es este seguramente el lugar de desarrollar esta propuesta con detalle. Pero sí pienso que puedo proponerla de modo sintético y señalar algunas de sus posibles virtualidades.

Teología de la Universidad de Navarra, Servicio de Publicaciones de la Universidad de Navarra, Pamplona 1982, 637-647.

7. "*Primus autem effectus* est ipsum esse, quod omnibus aliis effectibus praesupponitur et ipsum non praesupponit aliquem alium effectum; et ideo oportet quod *dare esse* in quantum huiusmodi sit effectus primae causae solius secundum propriam virtutem". Tomás de Aquino, *Q. D. De Potentia*, q. 3, a. 4, co. La cursiva es mía.

8. Cf. Ocáriz, F., Mateo-Seco, L.-F., Riestra, J. A., *El misterio de Jesucristo*, EUNSA, Pamplona 2010, 283 ss.

2. Diversas aproximaciones a la creación

Antes de continuar, creo que es conveniente señalar que la acción creadora de Dios suele presentarse de diversas maneras. A veces, por los diferentes contextos en que se trata; en otras ocasiones, porque se pretende ofrecer de ella alguna alternativa a una concepción excesivamente ontológica o metafísica, que parece poco respetuosa con las peculiaridades distintivas de la persona humana.

Así, por ejemplo, la creación se ha presentado como un "sacar de la nada"[9], poniendo a la nada a modo de término *a quo* para subrayar que los seres creados son "producidos" por Dios sin ninguna materia previa y que dependen totalmente de él en su existir.

Pero, tomando de un modo positivo la relación con Dios de la criatura, y sin excluir el mencionado planteamiento tradicional, también se ha presentado la creación como una participación de Dios. Dios es el ser por esencia y las criaturas lo tienen por participación. Es bien conocido el giro aristotélico que Tomás de Aquino concedió a la doctrina de la participación al señalar que el ser recibido es acto y que la criatura se distingue de Dios porque, a diferencia del Acto puro, en ella el acto de ser se distingue realmente de su esencia, que no es precisamente el ser, sino potencia respecto de aquel.

Esta doctrina, desarrollada recientemente por el neotomismo, se ha mostrado como una de las más poderosas para comprender la creación. Sin embargo, no se encuentra exenta de dificultades y está, desde luego, abierta a diversas interpretaciones. Así, si ponemos el énfasis en identificar la criatura con el ente creado, que estaría compuesto de ser y esencia, resulta difícil ver en qué se distingue lo que la criatura tiene de ser (*habens ese*) del ser de Dios. Si el papel de la esencia consiste tan solo en limitar o comprimir el

---

9. "Dicitur enim creari quod ex nihilo fit". *Q. D. De Potentia*, q. 3, a. 4, co.

ser de Dios, el ser de la criatura no se distinguiría propiamente de
Dios y el papel y procedencia de la esencia, que no es otra cosa que
potencia de ser, se volverían enigmáticos.

Pero la noción de creación no solo está destinada a expresar
la dependencia de las criaturas respecto de Dios, sino también su
realidad, contra cualquier forma de panteísmo. Por eso cabe también entender la creación precisamente como la activa distinción
entre Dios y la criatura. En este sentido, como señala Leonardo
Polo, la criatura se distingue más de Dios que de la nada[10], en
el sentido de que la distinción respecto de Dios –su condición
de criatura– es más primaria: la criatura se distingue de la nada
porque se distingue de Dios –porque Dios la distingue de sí– y no
viceversa. Este planteamiento podemos juzgarlo complementario
del anterior y serviría para evitar que una doctrina de la participación se desviara hacia alguna forma de panteísmo, pero también
para comprender que el «movimiento» de la creación no es una
degradación respecto de Dios, sino una «ascensión» en sentido pleno, por decirlo de algún modo, al orden de la realidad. Dicho de
otro modo, la criatura es tan real como Dios, aunque no lo sea por
sí misma, sino en tanto que depende de su libre acción creadora.

Esta consideración que podríamos denominar ontológica de la
creación puede, sin embargo, considerarse insuficiente para referirse a la persona humana. En este caso no se trata tan solo de que
esta salga de la nada, sino de que podemos concebir ese comienzo
existencial como la respuesta a una vocación, a una llamada por
parte de Dios. Siguiendo esta consideración, resulta más fácil dar
cuenta de las peculiaridades del despliegue existencial de los seres
personales, en particular de la historia de cada quién, que, en la
medida en que expresa la respuesta libre a la llamada a la existen-

---

10. Cf. Polo, L., *Persona y libertad*, OC XIX, EUNSA, Pamplona 2017,
41 ss.

cia, va configurando una auténtica biografía, a cuya luz contemplamos la dependencia de Dios como una sucesión de respuestas a las invitaciones dirigidas por un ser personal[11].

Esta concepción más personalista de la creación permite comprenderla de un modo más ajustado como entrega del ser, como *donatio essendi*. Pues, aunque en realidad antes de la creación no existe un receptor previo, a diferencia de las criaturas no personales, la persona creada puede agradecer su existencia y entender su actividad como libre correspondencia al don recibido.

11. Cf. Ruiz-Retegui, A., "Algunas consideraciones sobre la antropología implícita en la cristología de Hans Urs von Balthasar", *Scripta Theologica* (1995), vol. 27 (2), 459-491. Un interesante desarrollo de este modo de concebir la creación del ser humano se encuentra en Terrasa, E., *El viaje hacia la propia identidad*, EUNSA, Pamplona 2005. Esa perspectiva, atenta a la historicidad y la biografía del ser humano, pone de manifiesto algunos aspectos a los que aquí se quiere atender también desde una perspectiva, por así decir, *ontológica*: "En efecto, el hombre es un ser histórico porque en el tiempo y a partir de él, *hace* la historia, *configura* el mundo, y alcanzará su plena «identidad» eterna solamente en un futuro escatológico. Pero puesto que ha sido Cristo, Verbo Eterno hecho hombre histórico, quien introdujo la radical novedad, llamada Evangelio, en la vida del hombre e hizo posible esta historia, se entiende que todo el discurso antropológico viene redimensionado *a partir de Él y de su obrar en el hombre*. Y viene redimensionado no sólo con conocimientos temáticos nuevos sobre la naturaleza humana, sino sobre todo con una visión del hombre que da pleno y eterno realce a categoría antropológicas tan decisivas como son la libertad y el ser «persona» del hombre". O'Callaghan, P., "Cristocentrismo y antropocentrismo en el horizonte de la teología. Una reflexión en torno a la epistemología teológica", en Morales, J. et al., *Cristo y el Dios de los cristianos. Hacia una comprensión actual de la teología*. XVIII Simposio Internacional de Teología de la Universidad de Navarra, EUNSA, Pamplona 1998, 398.

3. Creación, persona, libertad

La sensibilidad que algunos teólogos han desarrollado para distinguir la condición creatural de un ser personal de aquella de los que no lo son invita, a su vez, a una nueva consideración ontológica. Crear una persona es inaugurar un ámbito de libertad y de apertura —una intimidad— capaz de manifestarse en obras, pero, ante todo, orientado mediata o inmediatamente a su creador. La persona no se limita a existir, sino que se encuentra íntimamente referida a su Origen[12] y se distingue de la criatura no personal por su condición filial, como intimidad que se destina libremente. Por eso podemos afirmar incluso que, en virtud de su libertad, la persona no es creada definitivamente, sino como esbozo llamado a alcanzar, mediante la ayuda de Dios y su libre correspondencia, su realidad definitiva. Algo que recuerda de algún modo la conocida afirmación de San Agustín: "quien te hizo sin ti no te justifica sin ti"[13].

Si esto es así, cabe preguntarse: ¿podemos hablar de creación en el mismo sentido cuando hablamos de una criatura no personal y de otra que sí lo es? A favor de una respuesta afirmativa podemos considerar que si, como hemos afirmado, ser creado es ser real como Dios lo es, no podemos fragmentar el ser sin que pierda su sentido metafísico y, de este modo, se desdibuje la afirmación de la distinción, la dependencia y la semejanza de toda criatura respecto de Dios. Pero, si consideramos la cuestión a la luz de la radicalidad de las diferencias entre ambos tipos de criaturas, no resulta tan fácil rechazar a priori una respuesta negativa.

---

12. Polo, L., "La persona humana como relación en el orden del origen", *Studia Poliana* 14 (2012), 21-36.

13. "Qui ergo fecit te sine te, non iustificat te sine te". San Agustín, *Sermo* 169, c. 11 (ML 38, 923).

Antes de proseguir, me gustaría señalar, sin embargo, una paradoja. Quienes más claramente han intentado establecer la libertad en el orden de la radicalidad última son seguramente los pensadores idealistas. Frente al determinismo objetivista espinosiano, estos oponen –inspirados en la propuesta de Kant, pero otorgándole una envergadura metafísica ajena a sus pretensiones– una subjetividad radical. Así, en el idealismo, frente al primer principio parmenídeo, sobre el que se fundaron los primeros esbozos de la metafísica –"el ser es"– los idealistas proponen como primera evidencia y fundamento de su sistema el postulado "yo soy yo". Nunca la subjetividad había alcanzado un estatuto semejante, y con ella la posibilidad de establecer la libertad como radical e infundada.

Sin embargo, no deja de resultar llamativo que este intento de sustituir el ser por el sujeto vaya acompañado precisamente por la aversión a la noción de creación desde la nada[14]. Se puede pensar que esta posición trasluce la influencia de Espinosa, pero también podemos ver en esa asunción el temor a disolver la libertad creada en una fundamentación extrínseca que solo podría ser, o bien otra subjetividad, y entonces nos encontraríamos con un absurdo, o bien una realidad no subjetiva, y esto implicaría aceptar una libertad que no es propiamente libre y una subjetividad que no es suficientemente subjetiva.

Como ha señalado Leonardo Polo, los pensadores idealistas han subrayado con acierto la dificultad de aceptar una libertad comprendida como causada o fundada, pero la alternativa que ofrecen es proponer a esta a su vez como fundamento[15]. De este modo, la subjetividad no es fundada y la metafísica del ser se

14. Cf. Cruz Cruz, J., *Existencia y nihilismo en Jacobi*, EUNSA, Pamplona, 2014, 330 ss.

15. Polo, L., *Antropología trascendental*, OC XV, EUNSA, Pamplona 2016, 107 ss.

transforma en una metafísica de la libertad incompatible con la dependencia de un creador distinto y personal. Ahora bien, ¿es adecuado comprender la libertad como fundamento infundado? ¿Acaso no cabe aceptar una libertad creada entendida como un sentido del ser abierto y vuelto hacia su creador?

Siguiendo la propuesta de este pensador, pienso que cabe hablar de una distinción trascendental entre dos actos de ser, por hablar en terminología tomista, es decir, de dos sentidos radicalmente distintos, aunque perfectamente compatibles, de existencia. Quizá podemos amparar esta tesis, en apariencia audaz, en la sugerencia de Aristóteles de que el ser se dice de muchas maneras[16]. Desde luego, en un sentido metafísico, el ser se divide ante todo en creado e increado. Pero también podemos afirmar que el ser creado se distingue, al menos, en no personal y personal.

Afirmar que existen dos tipos de criaturas para las que existir adopta un sentido radicalmente distinto supone, a su vez, aceptar que crear no tiene un único sentido. Por así decir, Dios no se implica del mismo modo al crear el ser no personal que el ser personal. Nos avala para aceptarlo la misma descripción de la creación del hombre que nos presentan los primeros compases del génesis. Como se ha puesto con frecuencia de relieve, en el primer relato, tras describir cómo Dios despliega el universo con su mera palabra imperativa, se presenta de este modo la creación del hombre: "Hagamos al ser humano a nuestra imagen, como semejanza nuestra" (Gen 1, 26). En este relato se presenta a Dios en diálogo consigo mismo, como si su condición personal se pusiera en juego a la hora de dar el ser a este nuevo tipo de criatura, a la que será confiado el resto de la creación. ¿No nos permite esta forma de hablar admitir que el término de este nuevo modo de crear sea un sentido de

---

16. Cfr. *Metafísica*, IV, 2, 1003 a 33.

existencia radicalmente distinto del que corresponde al resto del universo? Antes de proseguir, voy a aclarar dos cuestiones. En primer lugar, que considero que el acto de ser es el término principal de la creación divina. La criatura es acto de ser creado, que, como distinto de Dios, no resulta idéntico consigo mismo y va acompañado, por tanto, de una continuación potencial, que se manifiesta, entre otras cosas, en la pluralidad de su análisis o de sus manifestaciones. En este sentido, tomo también con Polo la palabra al Aquinate cuando sostiene que "el ser que se encuentra en el interior de las cosas creadas solo puede ser entendido como procedente –*ut deductum*, dice el original latino– del ser divino"[17], es decir, como creado. Solo alcanzamos propiamente la actividad fundamental o radical de la criatura cuando la entendemos como creada, desde la dependencia de Dios que la hace existir. En segundo lugar, que, también siguiendo a Polo, considero que lo que conocemos como universo material es una sola criatura, es decir, que la criatura material solo depende directamente de Dios como primer principio que fundamenta su unidad de orden.

Pues bien, aunque tanto a la creación del universo como en la de las criaturas personales resulta aplicable que las acciones *ad extra* de Dios son comunes a toda la Trinidad, en la creación de la persona, junto con la dependencia de Dios Uno, se manifiesta de un modo nuevo y más profundo que la distinción es en Dios tan originaria como la unidad. No quiero decir con esto que la creación de seres personales sea una prueba de la Trinidad, pero sí que manifiesta la condición personal de Dios y hace ver que esta es incompatible con una unidad de tipo parmenídeo o plotiniano.

---

17. "(…) esse, quod rebus creatis inest, non potest intelligi nisi ut deductum ab esse divino; sicut nec proprius effectus potest intelligi nisi ut deductus a causa propria". Tomás de Aquino, *Q. D. De potentia*, q. 3, a. 5, ad 1.

La persona existe, pues, en un sentido distinto que el universo material[18]. Entre las características de esta existencia es preciso señalar su condición de interlocutor y de destinatario último de los dones de Dios. Aceptar a alguien como persona excluye considerarlo como mero medio para algo distinto de sí misma. Por eso podemos decir que Dios crea, en todos los sentidos, para las personas. Dicho de otro modo, quien sale ganando con la creación no es Dios, sino la criatura, ante todo y en sentido pleno, la criatura personal.

Esta afirmación no deroga la tesis metafísica de que Dios solo puede actuar teniéndose a sí mismo como fin. Ciertamente toda la creación, incluidas las personas, tiene como fin la gloria de Dios. Pero es que, para cualquier criatura, y más aún para una criatura personal, nada es mejor que tener por fin la gloria de Dios. Así lo expresa la experiencia cristiana: "Si la vida no tuviera por fin dar gloria a Dios sería despreciable, más aún, aborrecible"[19]. Pues, como afirmaba San Ireneo, la gloria de Dios es el hombre viviente[20]. No es difícil, por tanto –aunque no sea este el lugar para desarrollar con profundidad esta tesis–, conciliar la tesis de que Dios es el fin de la creación con la de que el sentido de la acción creadora es que existan seres libres que libremente acepten y disfruten los dones de Dios.

---

18. Polo denomina a este nuevo sentido de la existencia "co-existencia". Cf. Polo, L., *Antropología trascendental*, OC XV, EUNSA, Pamplona 2016, 231 ss.

19. J. Escrivá de Balaguer, *Camino*, 783.

20. Ireneo de Lyon, *Adversus Haereses*, IV, 20, 7.

4. Creación y gracia

Hasta aquí solo hemos hablado de la creación del universo y de las personas como dos sentidos de la creación. Pero ¿cómo encajar en este cuadro la condición creatural de la gracia? Conviene considerar la encarnación y la gracia en el contexto de la creación. Como hemos dicho, desde la teología escolástica queda dirimida la cuestión acerca de la condición creatural de la gracia. La gracia habitual es la presencia del Espíritu Santo en el justo, pero, como don, tiene un carácter creatural. Pues bien, la gracia creada más alta, según Santo Tomás, es la gracia de unión, por la que la naturaleza humana de Cristo subsiste en la persona divina[21]. Aunque se encuentra en un orden distinto de la gracia habitual, de que también goza el alma de Cristo, se trata de una gracia en la que podemos ver de un modo particularmente claro la doble faz de la gracia: es creada, vista desde la naturaleza y es increada e infinita si la entendemos desde la Persona divina.

Como hemos señalado, la doctrina última del Aquinate parece reconocer en Cristo un solo acto de ser, el de la segunda persona de la Trinidad, el Verbo. Sin embargo, ¿cómo se puede compaginar esta afirmación con la de que la naturaleza humana del Verbo es distinta de su naturaleza divina? ¿Puede algo distinto de Dios ser real y existente sin que su existencia sea radicalmente distinta de la existencia divina?

Tomás de Aquino parece expresarse en ocasiones como si la hipóstasis de las criaturas humanas fuera el "resultado" de la unión de los principios de la naturaleza humana. Usa este lenguaje para mostrar como la asunción de la naturaleza humana por parte del Verbo no destruye una naturaleza humana previa, sino que sustituye el supuesto que naturalmente "se seguiría" de esa unión por

---

21. Cfr. Tomás de Aquino, *S. Th.*, III, q. 7, a. 11 co.

una hipóstasis infinitamente más digna[22]. Pero una comprensión literal o superficial de esta afirmación suscita varios problemas. En primer lugar, porque parece presentar la naturaleza humana como la composición de dos principios preexistentes, cuando no existe ni un cuerpo ni un alma humanos que no subsistan en una persona, que, en mi opinión, es, en el caso de las personas humanas, el único término posible del acto creador.

Por otra parte, si la gracia de unión es una gracia, ¿quién es su destinatario? Si decimos que es el Hijo de Dios en cuanto hombre, estaríamos aceptando que la unión a la naturaleza humana añade algo a la persona del Verbo. Nada puede añadir la naturaleza humana de Cristo a la persona del Verbo, puesto que es Dios, pero sí que añade algo a la creación. Es en este sentido en el que podemos hablar de la asunción de una naturaleza humana como un acto creador. El mismo Tomás de Aquino sostiene que la unión de la naturaleza humana con la divina es creada[23]. ¿En qué sentido hablamos aquí de creación?

Como vemos, la noción de creación se utiliza para referirse a las acciones *ad extra* de Dios que tienen un término real distinto de él. Y esto se puede aplicar a la naturaleza humana del Verbo, que es distinta de su naturaleza divina. Sin embargo, la asunción de la naturaleza humana no es en este caso ni la creación de un primer principio ni la de una persona capaz de recibir los dones de Dios. Tampoco es la transformación o adopción de una realidad que existiera de otro modo previamente al acto mismo de asumirla. Más bien, es la comunicación personal del Verbo a la

---

22. "Sed hoc es proprium homini Christo, quod persona subsistens in humana natura eius non si causata ex principiis humanae naturae, sed est aeterna". *S. Th.*, III, q. 16, a. 12, ad 1.

23. Cfr. *S. Th.*, III, q. 2, a. 7, donde responde afirmativamente a la pregunta que encabeza el artículo: "Utrum unio divinae et humana naturae sit aliquid creatum".

humanidad, la definitiva irrupción personal de Dios en el ámbito creatural.

Por eso se puede comprender en cierto modo que haya quien sostenga que la humanidad de Cristo no es creada sino unida o asumida, en el sentido de que la asunción haría innecesario aceptar la creación de esta. Creo que se puede aceptar esta afirmación hasta cierto punto si con ella se quiere expresar que no hay nada en la naturaleza humana del Verbo que no sea comunicación de Dios[24]. Pero siempre que este modo de decir no derogue la real repercusión de esta unión en todas las criaturas. Y es que se trata de una comunicación que no tendría sentido si no existieran otras criaturas capaces de recibir y aceptar la gracia que esa unión comporta, es decir, sin la existencia de criaturas personales distintas de Dios que, en virtud de esa comunicación, pueden llegar a ser divinizadas[25].

Es en este marco en el que podemos hablar de la encarnación y de la gracia que aporta a las criaturas como de una nueva creación[26]. Pues la criatura es una actividad referida al Origen increado. Y, de modo semejante a como la creación de la persona renueva, eleva y justifica la relación de la criatura no personal al creador, la irrupción de Dios que se ofrece a sus criaturas uniendo a sí una naturaleza creada suscita una nueva referencia a Dios que atañe ante todo a las criaturas personales. ¿Qué sentido, si no, tendría que Dios se encarnara, si no fuera para entregarse a unas criaturas

---

24. En su libro *Epistemología, creación y divinidad* (OC XXVII, EUNSA, Pamplona, 2015, 219 ss.), Leonardo Polo sostiene vigorosamente esta tesis, sin resolver, en mi opinión, todas sus implicaciones.

25. Cf. Murillo, J. I., *El valor revelador de la muerte. Estudio desde Tomás de Aquino*, EUNSA, Pamplona, 2024, 111 ss.

26. Ocáriz, F., "La elevación sobrenatural como recreación en Cristo", *Naturaleza, gracia, gloria. Escritos de antropología cristiana*, EUNSA, Pamplona, 1999, 95-106.

que lo pueden recibir y aceptar y que pueden ser, de este modo, elevadas a la condición divina?

La encarnación comporta, por tanto, una nueva referencia a Dios de las criaturas personales y, a través de ellas, también de la criatura no personal: la gracia. No parece casual, en este sentido, que la naturaleza asumida sea, al mismo tiempo, corpórea y espiritual, que pertenezca al universo material, pero se eleve desde él a un destino personal. Dios se encuentra en la criatura personal por el conocimiento y el amor, pero mediante la gracia la persona se encuentra en Dios también según el ser. Es como la repercusión del conocimiento y el amor de Dios *a* la criatura *en* la criatura.

Así, pues, si consideramos la unión entre la naturaleza humana de Cristo y la persona del Verbo como la más alta gracia y, al mismo tiempo, como creada[27], es decir, como distinta de Dios, nos vemos obligados a aceptar un tercer sentido de la creación. Crear no es, en este caso, ni constituir un primer principio ni suscitar un interlocutor libre, sino introducir la creación, sin aniquilarla, en la plenitud de la vida divina. En este sentido, podemos decir que la "creación" de la gracia es una acción *ad extra* del orden de la acción creadora, pero cuyo término no reposa en sí mismo, sino que es, en las diversas formas en que se presenta, comunión con la divinidad, inclusión en la vida divina: acción *ad extra*, sí, pero para poner *ad intra*[28].

---

27. "Gratia enim unionis est ipsum esse personale quod gratis divinitus datur humanae naturae in persona Verbi: quod quidem est terminus assumptionis". *S. Th.*, III, q. 6, a. 6, co.

28. "Scopo della grazia e scopo delle missioni coincidono: le missioni *esplicitano* il carattere della grazia come operazione *ad extra* di Dios por porre *ad intra* di Dio" SCHEEBEN, M.-J., *Die Mysterien des Christentums*, Herder, Freiburg 1958, Gesammelte Schriften, vol. II, §§ 26-31; *Handbuch des Katholischen Dogmatik*, Herder, Freiburg, 1941-1961, Gesammelte Scriften, vol. III-VII, II, § 125. Cit. TANZELLA-NITTI, G., *Mistero trinitario ed economía*

La unión de las criaturas al creador que posibilita la encarnación no implica la unión hipostática de éstas con Dios, pues esta tan solo las haría desaparecer como personas. Es más, que en Cristo no haya otra persona que la divina, la ausencia en él de persona creada es la garantía de la transparencia de su naturaleza humana, es decir, de que en él se abre un ámbito para las que sí son creadas. Pues, de lo contrario, el hombre Cristo sería el destinatario último de la gracia y las personas creadas no se podrían identificar con el Verbo. Precisamente porque esta intervención de Dios en la creación no elimina la criatura, sino que supone una acción elevadora y plenificante, podemos decir que se trata de una acción creadora[29]. Es más, como el mismo Tomás de Aquino acepta, podemos denominarla una "nueva creación".

della grazia: il personalismo soprannaturale di M. J. Scheeben, Armando Editore, Roma 1997. Es, por otra parte, bien conocido el vigor con que Scheeben reconduce el tratamiento de la gracia a la teología de las misiones divinas. "A Scheeben interessa che Dio come persona, con la sua struttura personale più intima, tocchi il centro personale dell'uomo e si unisca a lui... Scheeben vuole mantenere il realismo del mistero fino all'estremo limite: Dio possiede vie per toccare come persona la persona, pero essere accanto alla sua creatura come Dio in modo reale e non solo attraverso mediazioni". Ratzinger, J., Prefacio a AA. VV., *M. J. Scheeben, teologo cattolico di ispirazione tomista*, Pontificia Accademia di San Tommaso («Studi tomistici», 33), Libreria Editrice Vaticana, Città del Vaticano, 1998. De todos modos, pienso que el rechazo de la mediación debe referirse ante todo a las que resultan opacas, pues es característico del cristianismo aceptar positivamente las mediaciones, en la medida en que consiguen hacer presente y eficaz a Dios sin anular a su interlocutor, sino elevándolo. Esto resulta claro en la dinámica de la encarnación, pero se muestra en todas las criaturas, que no hacen presente a Dios anulándose, sino ejerciendo el poder que de él reciben.

29. Aunque con un planteamiento distinto del que propongo, Ignacio Falgueras proponía también un tercer sentido de la creación para la naturaleza humana de Cristo en Falgueras, I., "Los planteamientos radicales de la filosofía de Leonardo Polo", *Anuario Filosófico* (1992), vol. 25 (1), 55-100.

Entender la donación de la gracia en el orden de la creación evita el problema de concebirla como un mero cambio accidental o sustancial. La criatura personal creada o, mejor, recreada según la gracia permanece quien es, pero se abre para ella el ámbito de la personalidad divina y la capacidad de comportarse como persona en ese espacio que es el originariamente personal: el de las relaciones entre las Personas divinas[30]. La expresión "en Cristo, tan a menudo repetida por San Pablo, y "por el Espíritu Santo", parecen aludir a esta capacitación para tomar parte en la distinción y el intercambio eternos de las Personas divinas en calidad de hijos adoptivos. Podríamos, tal vez, ser personas sin esa introducción en Dios, pero no podríamos serlo plenamente.

Tomás de Aquino distingue varios sentidos de la gracia en Cristo. La unión hipostática es, como hemos visto, la gracia más alta que ha recibido su naturaleza humana. Junto con ella, se encuentra la gracia capital y los otros sentidos de la gracia también en la forma de gracia habitual, virtudes, dones, carismas, etc. Pero si, en último extremo, solo las personas pueden ser las destinatarias últimas de la gracia, que cobra sentido en la medida en que las introduce en la vida divina, parece que debemos aceptar que las gracias que recibe Cristo en cuanto hombre no le tienen como destinatario último, pues nada añaden a la persona del Verbo.

En este sentido, el acto de ser que da razón de la distinción entre la humanidad de Cristo y Dios no es un acto de ser personal,

---

30. "Le premier trait qui frappe dans l'examen de la théologie contemporaine est *le retour du chosisme* aux relations personnelles. Nous recevons en abondance et avec reconnaissance les faveurs de la charité divine, et l'appel à la charité envers Dieu que les dons apportent avec eux. Mais *mieux vaut le Donateur que ses dons*, et ce qu'il demande de nous ce n'est pas tant un hommage en retour, mais la donation totale de notre personne". PHILIPS, G., *L'union personnelle avec le Dieu vivant*, Leuven University Press, Leuven 1989, 275.

sino, precisamente, una gracia: el Reino de Dios, que, mediante una humanidad real, traduce al lenguaje humano la intimidad de Dios y se ofrece como vía de entrada en ella. Se puede decir, por tanto, que la Humanidad de Cristo es creada según la gracia. Es ella misma una gracia en la medida en que en ella Dios abre un cauce de unión con las criaturas. Es, según su ser creatural, don entregado por todos.

La resistencia a entender la gracia como creación o criatura deriva de comprender lo creado como cosa, cuando, por el contrario, el término de la creación es ante todo actividad. Pensemos, por ejemplo, en la condición de actividades de la persona como el conocer y el amar, que, sin identificarse con quien las ejerce, la establecen en una real conexión con la realidad. La gracia, lógicamente, afecta de modo particular a este tipo de actividades, pero no solo en tanto que operaciones, sino en su raíz personal, en el ser de que proceden. De modo análogo a como el acto de amor de la persona creada no es la persona pero en él ésta se comunica e identifica con el amado, la gracia que Dios crea, sin ser él, es la repercusión de su presencia real y efectiva en la criatura. En tanto que distinta de Dios, la gracia es criatura; en tanto que cauce de unión con Dios es tan solo la comunicación de este a la criatura personal y, mediante ella, a toda su creación.

La encarnación como «salida» de Dios a la creación es la que garantiza una «entrada» de la criatura en Dios que no la aniquile. La humanidad de Cristo está destinada a recapitularlo todo en sí misma: "En él tenemos por medio de su sangre la redención, el perdón de los delitos, según la riqueza de su gracia que ha prodigado sobre nosotros en toda sabiduría e inteligencia, dándonos a conocer el misterio de su voluntad según el benévolo designio que en él se propuso de antemano, para realizarlo en la plenitud de los tiempos: hacer que todo tenga a Cristo por cabeza, lo que está en los cielos y lo que está en la tierra" (Ef 1, 7-10).

Resuena en este himno el primer capítulo del Génesis: "En el principio, creó Dios el cielo y la tierra". (Gen 1, 1). La recapitulación que obra el Verbo mediante su encarnación y su existencia humana es, desde nuestro punto de vista histórico, un proceso llamado a culminar definitivamente: "Cuando hayan sido sometidas a él todas las cosas, entonces también el Hijo se someterá a Aquel que ha sometidos a él todas las cosas, para que Dios sea todo en todos" (I Cor 15, 28).